JN100954

解説

South Korea Economy

韓国経済

高安 雄一
TAKAYASU Yuichi

学 文 社

まえがき

　お隣の国でもっとも親しみの深い国のひとつである韓国について，私たちは多くの情報に接することができます。しかし，経済については書籍やインターネットの記事から得られる情報を鵜呑みにすると，誤った韓国経済の姿をイメージすることになる可能性が高いといえます。

　近年は日韓関係の悪化もあり，韓国経済をネガティブに伝える論調が増えています。このような論調で書かれている情報は，韓国経済にとって都合の良い事実は取り上げず，都合の悪い事実だけを拾い集めて切り貼りする傾向にあります。

　実際の韓国経済の姿はそれほど単純ではありません。経済といっても，経済成長率，失業率，物価上昇率など数多くの指標があり，財政，金融，企業，労働，国際など数多くの分野があります。これらが，すべて良いあるいは悪いということは考えられません。

　本書では韓国経済を，「経済の規模・成長」，「企業・労働」，「国際金融・貿易」，「財政・社会保障」，「金融・物価」，「生活・社会」の6つに分け，それぞれ重要な項目を挙げ解説しています。本書をまとめるにあたっては，ありのままの韓国経済を伝えることに重点を置き，重要なデータをきちんと示すことで客観的な解説に努めました。本書を読むことで，歪みのない韓国経済のイメージを持っていただければ幸いです。

　最後になりましたが，学文社の落合絵理さんには，編集などで大変お世話になりました。厚く御礼申し上げます。

2020年8月

高安　雄一

目　次

第4章 **財政・社会保障** ···························· 73

第 1 章

経済の規模・成長

GDP でみた経済の位置づけ

世界経済における位置づけは大きく高まる

> GDP により比較した韓国の経済の大きさは 2019 年で 12 位であり，1970 年の 39 位より大きく順位を上げ，韓国の位置づけは高まりました。しかし今後は，韓国が低成長の時代に入ることに加え，新興国の追い上げが激しいこともあり，位置づけが下がっていくことが予想されます。

　経済の大きさを測るため最もよく使われる尺度としては GDP が挙げられます。IMF が推計した2020年の世界各国の GDP によると，韓国の GDP は1.6兆ドルであり，データがとれる世界193カ国・地域のなかで12位です。

　韓国の GDP は，アメリカの14分の1，中国の9分の1，日本の3分の1であり，世界トップ3の国々と比較すると規模が小さいのですが，カナダ，ロシア，スペイン，オーストラリアといった国とはほぼ同程度の大きさです。

　韓国は1970年代には実質経済成長率が10％を超え，その後も高い成長が続きました（「2. 経済成長率」（4ページ）参照）。よって世界のなかでの存在感もそれにともない増してきました。

　国連のデータによると，GDP の大きさで比較した世界の国・地域における韓国の順位は，1970年には世界で39位でしたが，1980年には30位，1990年には17位，2000年には12位にまで順位を上げました。しかし，2000年以降は順位が伸び悩んでいます。

　韓国はすでに高成長の時代から安定成長の時代に移行していますので，GDP が昔のような勢いで拡大していません。さらに今後，韓国は低成長の時代に突入することは避けられず（「3. 潜在成長率」（6ページ）参照），勢いのある新興国に抜き去られる可能性は高いといえます。

　これまで高成長によって GDP でみた経済規模で世界における位置づけを高めてきた韓国ですが，今後は逆に位置づけが下がっていくことが予想されます。

2020年における GDP の水準は世界で12位

● 上位20カ国の名目 GDP ：2020年

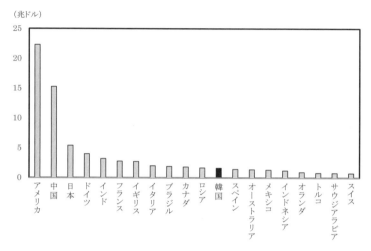

（注）数値は2020年の推計値。
（出所）IMF "World Economic Outlook Database, October 2019" により作成。

経済規模の順位は高まり続けた

● 10年ごとにみた韓国の GDP の順位

	順位	10年前から韓国が抜いた国
1970年	39位	−
1980年	30位	パキスタン，ノルウェー，ギリシア，チリ
1990年	17位	インドネシア，ベルギー，トルコ，アルゼンチン
2000年	12位	インド，オランダ

（出所）国際連合 "UN Data" により作成。

2 経済成長率

高度成長期は世界でトップクラスの成長率

> 韓国の経済成長率は1970年代には10%を超えた後，徐々に低下していますが，日本と比べれば低下のテンポは緩やかです。過去60年余りの平均成長率が7%程度に達し，世界でもトップクラスの高成長を遂げた国ということができます。

経済が拡大する勢いを測るための指標としてはGDPの成長率，すなわち経済成長率がよく使われます。以下では物価変動の影響を取り除いた実質経済成長率を見ていきましょう。

韓国の経済成長率は1950年代には5.3%でしたが，1960年代と1970年代には9%台，1980年代には10.0%にまで高まりました。経済成長率は1980年代をピークとして低下に転じましたが，その程度は緩やかであり，1990年代は7.1%，2000年代は4.7%と比較的高い成長率を維持してきました。

これを日本と比較してみましょう。日本では1960年代の10.1%が経済成長率のピークであり，ピーク時の経済成長率は日韓同じでした。ただし日本の経済成長率は1970年代には4.4%とピーク時の半分以下の水準となり，2000年代には0.6%にまで低下するなど，ピーク後の経済成長率の低下は顕著でした。

1955年から2019年までの64年間における実質成長率の平均値を計算すると，韓国は7.1%，日本が4.0%であり，韓国の方が日本より3%ほど成長率が高かったということができます。3%の差というと小さいようにもみえます。しかし，GDPの水準が同じものの，一方の国の成長率が3%高い場合，60年後にはGDPの水準に6倍近くの差が出てしまいます。

日本の成長率はバブルの崩壊以降に失速したといえ，長期的な経済成長率は高水準です。これを相当程度上回る韓国は世界でもトップクラスの成長率を遂げたといっていいでしょう。なお，過去60年余り平均で7.1%の経済成長を遂げた韓国は，その間に経済規模は約80倍にもなりました。

ピーク時の経済成長率は10%

● 日韓の実質経済成長率：1950年代から2010年代

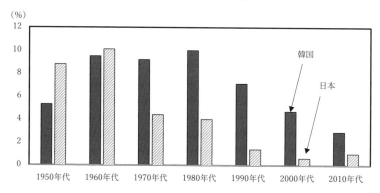

（注）1950年代は，韓国は1953年から，日本は1955年からの数値により算出。
（出所）韓国の数値は韓国銀行データベース，日本の数値は内閣府「国民経済計算（GDP統計）」
などによる。

1955年から2019年の間に実質GDPは80倍に

● 実質GDP：1955〜2019年

（兆ウォン：2015年基準）

（出所）韓国銀行データベースにより作成。

3 潜在成長率

潜在成長率は低下傾向で推移する見通し

> 潜在成長率は徐々に低下していますが，最大の要因は資本投入の寄与低下であり，その背景には家計貯蓄率の下落があります。また労働力人口の伸び率低下や先進国への技術のキャッチアップも潜在成長率を引き下げています。今後は高齢化により潜在成長率はさらに低下することは確実です。

潜在成長率とは潜在GDPの変化率であり，潜在GDPは，生産に必要な要素である労働と資本をフル回転させた場合に生み出されるGDPの水準です。潜在GDPは「完全雇用生産量」とも呼ばれ，需要が足りないことにより失業が発生しないGDPの水準です。

潜在GDPは，投入可能な労働量と資本量，および全要素生産性（TFP：Total Factor Productivity）の組み合わせによって決まります。投入可能な労働量や資本量，生産性は毎年変化しますので潜在GDPも毎年変化し，その変化率が潜在成長率です。潜在成長率は，①労働投入量の伸び率，②資本投入量の伸び率，③TFPの伸び率で決まります。

1980年代の潜在成長率は8.6%でしたが，90年代は6.4%，2000年代は4.5%と徐々に低下してきました。通常，実際の経済成長率は潜在成長率から大きく逸れることはなく，韓国も例外ではありません。

潜在成長率がこの間に低下した最大の要因は資本投入の寄与低下ですが，労働投入の寄与低下とTFPの寄与低下も潜在成長率を引き下げています。資本投入の寄与が低下した理由のひとつとして，投資の源泉である貯蓄の伸びが鈍化したことを挙げることができます。

労働投入の寄与低下は労働力人口の伸び率の低下，TFPの寄与低下は韓国の技術が先進国に追いつき技術導入が難しくなったことが要因の一つと考えられます。なお，今後は高齢化により潜在成長率が低下することは確実です（「7. 労働力人口」14ページ，「9. 総貯蓄率・総投資率」18ページを参照して下さい）。

潜在成長率は TFP，労働投入，資本投入の伸び率で決まる

●潜在成長率と各種寄与

潜在成長率 ＝ $\underbrace{全要素生産性(TFP)の伸び率}_{\text{T F P の寄与}}$ ＋ $\underbrace{労働分配率 × 労働投入量の伸び率}_{\text{労 働 投 入 の 寄 与}}$

＋ $\underbrace{資本分配率 × 資本投入量の伸び率}_{\text{資 本 投 入 の 寄 与}}$

(注) 資本分配率は，1 − 労働分配率。

労働投入と資本投入の寄与低下により潜在 GDP は低下傾向

●潜在成長率とその寄与の推計値

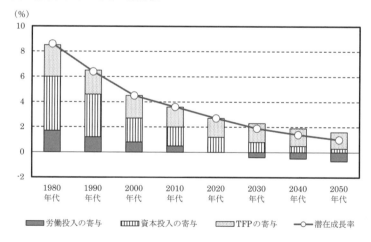

(出所) シンソッカ (2015) により作成。

4 一人当たり GDP

最貧国の水準から高所得国へ

> 一人当たり GDP は 1953 年には 66 ドルに過ぎず，当時は最貧国といえ
> る状態でした。1970 年においても世界で下位に位置し，北朝鮮よりも低い
> 状態でしたが，その後，着実に順位が高まり，相対的に豊かな国となって
> いきました。日本との差も縮小しています。

　国の経済の規模を単純に比較する場合には GDP を見ればいいのですが，国
民の生活の豊かさを測る場合には，GDP を人口で割った数値である一人当たり
GDP の方が適当です。

　韓国の一人当たり GDP は 1953 年には 66 ドルに過ぎず，当時の韓国は最貧国
の一角を占めていたことがわかります。国連による一人当たり GDP のデータに
よれば，1970 年の韓国は 279 ドルであり，187 の国・地域のうち 126 位でした。
ちなみに北朝鮮は 386 ドルで 104 位であり，この時期においても韓国は貧しい国
のひとつであったと考えられます。

　しかし 1980 年には 1,708 ドルで 85 位となり，上位半分にランクされるまでに
なり，アメリカや日本との差も縮まりました。さらに 1990 年は 6,508 ドルで 56 位，
2000 年は 11,852 ドルで 48 位，2016 年は 27,785 ドルで 38 位と着実に順位も上がっ
てきました。なお韓国の一人当たり GDP は 1994 年に 1 万ドル，2006 年に 2 万ド
ルを超え，2017 年には 3 万ドルを超えました。2020 年の韓国の一人当たり GDP
の推計値は 31,246 ドルで，世界 191 カ国・地域のうち 31 位ですが，東アジア諸
国ではシンガポール，日本に次いで第 3 位です。

　日本と比較をすると，日本は円高の影響もあり 1985 年から 1990 年頃にかけて
韓国を引き離した時期もありましたが，その後は日本経済が停滞するなか，韓
国の一人当たり GDP は着実に増加し，現在は差が大きく縮小しました。具体的
には日本の一人当たり GDP を 100 とすると，1985 年の韓国は 22 に過ぎません
でしたが，2019 年には 79 となっています。

一人当たり GDP は東アジア諸国では３位

●東アジアの一人当たり GDP：2020年

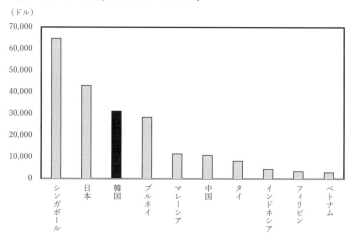

（ドル）

（注）1. 数値は2020年の推計値。
　　　2. 東アジア諸国は日本，中国，韓国および ASEAN 加盟国とした。
（出所）IMF"World Economic Outlook Database, October 2019" により作成。

一人当たり GDP は着実に増加

●日韓の一人当たり GDP：1955〜2019年

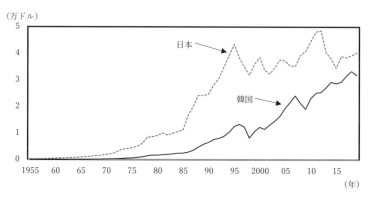

（万ドル）

（出所）韓国は韓国銀行データベース，日本は「平成30年度 年次経済財政報告」の長期経済統計
　　　などにより作成。

5 高齢化率

今後急激に高まり日本を上回る見通し

2018年に高齢化率が14％以上である「高齢社会」の仲間入りをしました。本格的に高齢化が進むのは，ベビーブーム世代が65歳を上回り始める2020年以降であり，2049年には高齢化率が日本を超えます。2058年には世界のほとんどの国が経験することのない高齢化率40％以上となってしまいます。

高齢化率，すなわち65歳以上人口が全人口に占める割合は，2019年で日本が28.4％，韓国が14.9％であり，この段階では日本の方が，はるかに高齢化が進んでいます。日本は団塊の世代と呼ばれる第一次ベビーブームである1947～1949年に生まれた人々がすでに高齢者の仲間入りをしています。しかし韓国の場合はこれからです。

統計庁によれば，韓国のベビーブームは朝鮮戦争休戦後の1955年から1963年までです。しかしその後も日本のベビーブームを超える出生率が続き（「6. 出生率」12ページ参照），1970年代前半まではベビーブームと呼んでもよい状況でした。

ベビーブームの最初の年である1955年に生まれた人は2020年に65歳になるので，2020年以降は高齢化のスピードが高まります。高齢化率が7％を超えれば「高齢化社会」，14％を超えれば「高齢社会」，20％を超えれば「超高齢社会」と呼ばれます。

韓国では2018年に「高齢社会」になりましたが，2025年には「超高齢社会」となり，その後も高齢化率は，2037年には30％，2058年には40％を超えるなど高まり続ける見通しです。

2049年には韓国は高齢化率で日本を超えます。そして，日本の高齢化率がぎりぎりで40％を超えないなか，韓国では2058年に40％を超えます。さらに，現在は韓国より高齢化率が高い欧州諸国も今後，高齢化率が40％を超えることはなく，韓国は世界で一番高齢化が進む国といえます。

日本を上回る速さで高齢化が進む

● 日韓の高齢化率の実績と今後の見通し：1960〜2065年

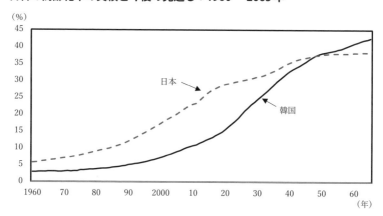

（出所）韓国の数値は統計庁「将来人口推計」（2017年推計），日本の数値は国立人口問題・社会保障研究所の資料などによる。

ベビーブーム世代はこれから65歳以上になっていく

● 年齢別人口：2020年

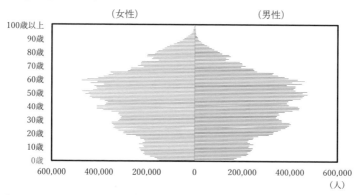

（出所）統計庁「将来人口推計」（2017年推計）により作成。

6 出生率

現在は日本を下回っている

> 半世紀前の出生率は高く，ベビーブームであった1950年代後半の出生率
> は6.3であり，1971年でさえ日本のベビーブームの出生率と同水準でした。
> その後は出生抑制政策もあり大きく出生率が低下し，現在は若年層の雇用問
> 題や教育費負担から日本より出生率が低くなっています。

　1960年前半までの合計特殊出生率（以下，「出生率」とします）は高く，とくに
朝鮮戦争が休戦に入って以降の1955〜59年には6.3にも達していました。1965
〜69年の時期の統計は手に入りませんが，1970年でも4.53と日本のベビーブー
ムと同じ水準でした。しかしながら1970年以降，出生率は大きく落ち込み，
1983年には人口置換水準である2.08を下回りました。

　その後も出生率は下落し続け1988年には1.55となった後，いったんは下げ止
まりました。しかし，1993年から再び下落が始まり，通貨危機以降は下落のペー
スに拍車がかかり，2018年には0.98と1を切る水準にまで落ち込み，2019年は
0.92となりました。ちなみに日本の最低値は2005年の1.26です。

　韓国では1961年から出生抑制政策が講じられました。高出生率により子供が
増えれば，その扶養のため家計貯蓄が妨げられ，ひいては経済開発に必要な資
本蓄積を妨げます。当時の韓国は資本蓄積による経済発展をめざしており出生
抑制政策が導入されたわけです。この政策は1970年代，1980年代と強められた
後，1990年代からは逆に弱められましたが，1996年まで続けられました。

　出生率は一般的に経済発展とともに落ち込む傾向があるため，出生抑制政策
が講じられなくても出生率は落ち込んでいたと考えられますが，政策により落
ち込みのスピードが高まったことは間違いありません。また，近年は若年層の
雇用環境が厳しく，また教育費もかかることから出生率が低迷しています。

　出生率の下落もあり出生数も減少しています。統計がとれる年のピークは
1971年の102万人ですが，2019年は30万人と3割程度に減少しています。

出生率は半世紀で6から1を下回るまで低下

●日韓の合計特殊出生率：1945～2019年

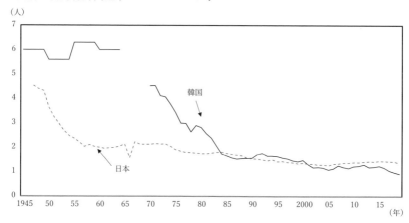

（注）韓国の1945～64年は5年ごとの数値。1965～69年の数値は示されていない。日本は1947年
　　　からの数値。
（出所）韓国は，キムナクニョンほか（2018a）99ページおよび統計庁データベース，日本は厚生
　　　労働省のデータにより作成。

出生数は半世紀足らずで3割程度に減少

●出生数の推移：1946～2019年

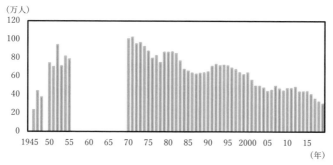

（注）1949年，1956～69年の数値は示されていない。
（出所）キムナクニョンほか（2018a）98ページおよび統計庁データベースにより作成。

7 労働力人口

少子・高齢化により伸び率の低下が続く

> 労働力人口は日本のように減少していませんが，高齢化の影響もあり
> 2020年代には減少に転じることが見通されています。労働力人口が減少に
> 転じれば労働投入の伸び率もマイナスになることが予想され，今後は潜在
> 成長率の足を引っ張ることになりそうです。

　日本では1998年をピークに労働力人口が減少していますが，韓国は2019年現
在で増加が続いています。しかし，韓国も2020年代には労働力人口が減少に転
じることが見通されています。もっとも1970年代には，労働力人口は平均する
と毎年3.7%ずつ増加していましたが，この伸び率が年々低下し，2020年代以降
はプラスからマイナスに転じるわけです。なお，労働力人口の伸び率が低下す
る要因には，15歳以上人口の伸び率低下，労働力率の下落があります。

　15歳以上人口の伸び率は1970年代以降一貫して低下していますが，これは出
生数の減少によるものです。また2020年代以降は急速な高齢化により労働力率
の下落が生じると考えられます。統計上では生産年齢は15〜64歳とされていま
すが，65歳以上でも働いている人はいます。しかし65歳以上の労働力率が大き
く低下することは確かです。高齢化が進み65歳以上人口の割合が高まれば全体
の労働力率は下落します。

　高齢化は2つのルートで潜在成長率を引き下げますが，そのひとつが労働力
人口の伸び率の低下を通じたものです。高齢化により労働力率が下落すれば，
労働力人口の伸び率が低下します。これは労働投入の伸び率の低下につながり
潜在成長率の足を引っ張ることになります。

　日本は高齢化が進んだこともあり，すでに労働投入の伸び率がマイナスと
なっており，潜在成長率を引き下げる方向で寄与しています。韓国はまだ労働
投入の伸び率はプラスですが，2020年代には急速な高齢化によりマイナスとな
り，潜在成長率を引き下げることが予想されます。

労働力人口は2020年代からマイナスに

●労働力人口および15歳以上人口の伸び率〈年率〉：1970年代から2050年代

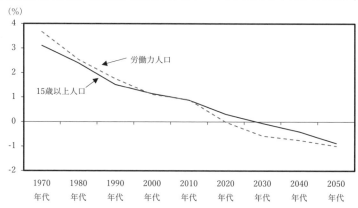

（注）2010年代以降は推計値。
（出所）統計庁「経済活動人口調査」およびシンソッカ（2015）により作成。

高齢層の労働力率は低い

●年齢階級別の労働力率：2019年

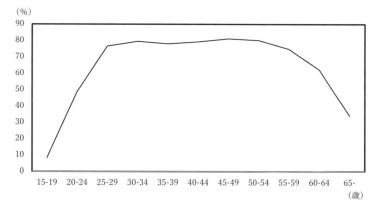

（出所）統計庁「経済活動人口調査」により作成。

8 家計貯蓄率
1980年代のピーク以降下落傾向で推移

　1960年代初頭まではマイナスが当たり前であった貯蓄率は，政府の政策努力もあり1980年代まで大きく上昇して，ピーク時には25％に近い水準に達しました。しかし1990年代に入り貯蓄率が大きく下落し，今後は高齢化によってさらに低下すると考えられます。

　家計貯蓄率は1960年初頭まではマイナスになる年も珍しくありませんでした。これは家計部門においては，所得が少ないなか扶養すべき家族は多く，貯蓄する余裕がなかったからです。1961年から人口抑制政策が講じられた背景は，扶養する家族の数を減らすことで貯蓄率を引き上げる狙いがありました。

　また1960年代には政府は貯蓄を増やすための強力な政策をとりました。ひとつは1965年の預金金利の引き上げであり，当時のインフレ率を鑑みると実質的にはマイナスであった低い金利を30％にまで引き上げました。さらに，国家記録院によれば，貯蓄増加目標額を設定して，金融機関に目標額を割り当てたとともに，公務員に給与の積み立てを強制する，あるいは貯蓄を条件に許可や免許を与えるといったことまで行ったようです。

　政府の政策に加え，所得の上昇もあり，家計貯蓄率は1980年代まで着実に高まり，1988年には24.3％でピークに達しました。しかし1990年に入り家計貯蓄率は大きく低下し始めました。1988年に国民年金が発足し1999年には国民皆年金になりました。老後の備えができたことで将来に向けて貯蓄するインセンティブがなくなったと主張する研究もあります。

　今後は高齢化が進むことにより家計貯蓄率の低下が予想されます。高齢者世帯は所得が少ないなか消費を行うため，過去の貯蓄を取り崩し，貯蓄率はマイナスになります。高齢者の比率が高まれば全体の貯蓄率も低下します。

　韓国では家計貯蓄率が大きく低下しましたが，2018年時点で比較すればOECD加盟国では，アメリカや日本より高く，全体でも上位に位置します。

家計貯蓄率は2000年代以降に急落

● 家計貯蓄率：1953～2018年

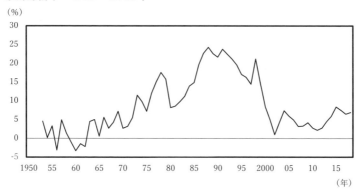

(注) GDP 統計ベース。
(出所) 韓国銀行「国民勘定」により作成。

韓国の家計貯蓄率は OECD 加盟国のなかでは高い

● 家計貯蓄率：2018年

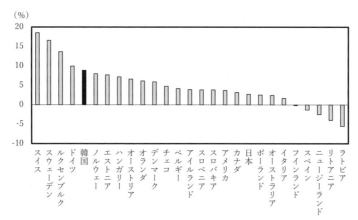

(出所) OECD データベースにより作成。

9 総貯蓄率・総投資率

高齢化により総貯蓄率と総投資率は低下する

> 総貯蓄率は家計貯蓄率と同様1970～80年代に大きく上昇しました。そして1990年代以降も急落はせず30％台を維持しています。また総投資率も総貯蓄率とおおむね同じ動きをしています。今後は高齢化が進むことで総貯蓄率が下落し、これが潜在成長率を引き下げることになりそうです。

　貯蓄の主な主体は家計部門ですが、政府部門や企業部門も貯蓄をしています。政府部門は国民年金の収支がまだ黒字であり積立金を増やしています。また企業部門は投資の主な主体ですが内部留保という形で貯蓄も行っています。

　家計のみならずすべての主体の貯蓄を国民総可処分所得で割ったものは総貯蓄率と呼ばれます。また国内向け投資を同様に割ったものが総投資率です。国内の貯蓄額が投資額に足らない場合は海外から資金を導入します。

　家計貯蓄率は1970～80年代に大きく上昇しましたが、総貯蓄率もおおむね同じ動きをしています。ただし家計貯蓄率とは異なり1990年代に急落しませんでした。これは国民年金収支の黒字などにより政府の貯蓄率が高まったこと、通貨危機以降、企業が内部留保を手厚くしたことなどが考えられます。

　貯蓄は投資の源泉であることから総貯蓄率と総投資率の動きはおおむね同じ傾向を示してきました。今後は高齢化のために総貯蓄率が低下します。高齢化によって家計貯蓄率が低下することは前述しましたが、高齢化にともない年金支払額が増加し、現在は黒字の国民年金収支は赤字に転じます。これによって総貯蓄率も低下する見通しです。

　高齢化により総貯蓄率と総投資率が下落すれば、資本投入の伸び率が低下してしまい、ひいては潜在成長率が低下します。実質民間資本ストック（非金融法人、居住用資本を除く）の伸び率は、1970年代には16.0％でしたが、2010年代には4.3％に低下しました。そして、高齢化が進むとともに資本ストック、すなわち資本投入の伸び率はさらに低下する見通しです。

総貯蓄率と総投資率はおおむね同じ動き

●総貯蓄率および総投資率：1953～2019年

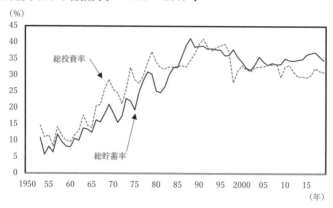

（出所）韓国銀行「国民勘定」により作成。

実質民間資本ストックの伸び率は低下している

●非金融法人の資本ストックの伸び率：1970～2018年

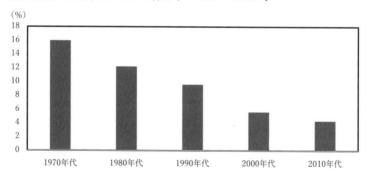

（注）居住用の資本ストックを除く。
（出所）韓国銀行データベースにより作成。

1970年代までは北朝鮮の一人当たりGNIが韓国を上回る

　今でこそ韓国は北朝鮮より豊かになりましたが，1970年代までは北朝鮮より貧しい状態でした。北朝鮮の一人当たりGDPおよびGNI（Gross National Income：国民総所得）は国連が推計しており1970年以降の数値が手に入ります。それ以前のものとしては，ソウル大学経済学部のキムビョンヨン教授による1954年からの一人当たりGNIの推計値があります。

　韓国の一人当たりGNIと比較すると，1960年時点で韓国の一人当たりGNIは北朝鮮の15%に過ぎませんでした。すなわち北朝鮮は韓国の約7倍であったわけです。それから少しずつ差が縮まりましたが韓国が北朝鮮とおおむね肩を並べるには1975年まで待たなければなりませんでした。

　しかしその後は韓国が北朝鮮を大きく上回るようになり，1991年には韓国の方が北朝鮮より10倍ほど大きくなり，1999年には20倍以上となり，2018年には国連の推計値で約50倍となっています。

●北朝鮮の一人当たりGNIに対する韓国の一人当たりGNI

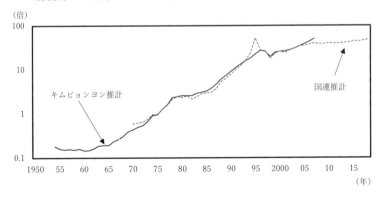

（注）縦軸は対数目盛。
（出所）北朝鮮の一人当たりGNIは，キムビョンヨン（2008），国連データベースによる（前者は1954〜2007年，後者は1970〜2018年のデータ），韓国の一人当たりGNIは，韓国銀行データベースによる。

第2章

企業・労働

10 財閥の定義

財閥に指定されると規制がかけられる

> 財閥は企業集団のうち資産総額が一定の要件を満たしたものです。財閥
> に指定されると，財閥企業間での株式持ち合い，財閥所属の他の企業の債
> 務保証ができなくなるなどさまざまな規制を課されます。多い時の財閥数
> は 80 に達していました。

　韓国の財閥は「相互出資制限企業集団」のことであり，2002年までは大規模企業集団でした。「企業集団」とは「同一人」が事実上，事業内容を支配している企業の集まり」です。「同一人」が自然人であれば「総帥」(以下では「オーナー」とします) であり，法人の場合の「同一人」は中核となる企業です。

　財閥は一定の要件を満たした企業集団であり，財閥に指定されると一般の企業集団とは異なり，さまざまな規制をかけられます。資産総額が基準を満たせば財閥に指定されます。基準は何度も変更されましたが，2017年以降は資産総額が10兆ウォン以上の企業集団です。なお，韓国電力公社や韓国土地住宅公社のような公企業が財閥に指定されていた時期もありましたが，2016年4月からは公企業は財閥には指定されなくなりました (以下，本書で「財閥」とする場合は過去も含めて公企業を除きます)。

　財閥に指定されると，規制が課せられるようになりますが，そのひとつが相互出資の禁止です。この規制により財閥に所属する企業は株式の持ち合いができなくなります。そのため多くの財閥は，A社→B社→C社→A社という形で出資することで事実上財閥所属企業で株式を持ち合う循環出資を行ってきましたが，現在は新規に循環出資を行うことは禁止されています。さらに財閥に所属する他の企業の債務を保証することもできません。

　財閥の数は資産総額の基準額が引上げられると減少し，同じ基準である間は増加することを繰り返してきましたが，最低は財閥が30グループに限定されていた時期であり，最高は2008年の79グループで，2020年は34です。

財閥の指定基準はしばしば変更

● 財閥の指定基準

1987〜1992年	資産総額が4,000億ウォン以上
1993〜2001年	資産総額基準で上位30位以内
2002〜2008年	資産総額が2兆ウォン以上
2009〜2015年	資産総額が5兆ウォン以上
2016年	資産総額が5兆ウォン以上（公企業を除く）
2017年以降	資産総額が10兆ウォン以上（公企業を除く）

（出所）公正取引委員会報道資料により作成。

財閥は多いときは80グループ近くに達したことも

● 財閥の数：1987〜2020年

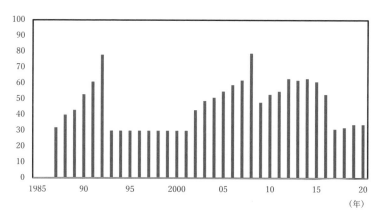

（注）各年の5月1日における数値。
（出所）公正取引委員会報道資料により作成。

11 財閥の特徴

多くはオーナーが存在し経済に占める割合は高い

> 2020年には34の財閥が指定されていますが，資産総額の大きな財閥の多くは日本でも名前が広く知られています。財閥の特徴のひとつはオーナーがいる財閥が多いことです。また経済に占める割合が高く，総資産額と売上高は3割程度，当期純利益は半分程度を占めています。

2020年5月1日現在で34の企業集団が財閥に指定されています。資産総額を基準に財閥の順位を見ると，三星（サムソン），現代（ヒュンダイ）自動車，SK，LG，ロッテ，ポスコなど日本でもよく知られたグループが上位を占めています。「現代」はもともとひとつの財閥でしたが分割され，自動車，重工業，百貨店がそれぞれ財閥に指定されています。財閥の特徴は，①オーナーがいる財閥が多いこと，②経済に占める割合が高いこと，③銀行を所有していないことです。

第一に34財閥のうち，27の財閥にオーナーがいます。オーナーは実質的に株式を所有するだけでなく，経営にも深くかかわっています。上位5財閥のいずれもオーナーがおり，創業者一族が代々オーナーを引き継いでいます。オーナーがいない財閥は多くありませんが，ポスコ，KTのように，国営企業が民営化されたものにはオーナーがいません。

第二に経済に占める割合が高いことも特徴です。金融業や保険業を除き，財閥が企業全体に占める割合を見ると（2018年基準），全財閥では，総資産額は33％，売上高は32％，当期純利益は53％を占めています。なお財閥のなかでも上位5財閥が経済に占める割合は高く，5つの財閥だけで総資産額と売上高は企業全体の20％，当期純利益の42％を占めています。

第三に，財閥は銀行を所有していません。これは1950年代後半に財閥が銀行を所有し自分の金庫のように使ったことから，朴正熙（パクチョンヒ）政権の発足後，銀行が国有化されたためです。1980年代に銀行は民営化され始めましたが，財閥の銀行所有が厳しく規制され，財閥と銀行は分離されています。

上位陣は日本でもよく知られた財閥

●資産総額基準の上位10財閥：2020年

(兆ウォン)

	財閥名	資産総額			財閥名	資産総額
1位	三星（サムソン）	424.9		6位	ポスコ	80.3
2位	現代（ヒュンダイ）自動車	234.7		7位	韓火	71.7
3位	SK	225.5		8位	GS	66.8
4位	LG	137.0		9位	現代重工業	62.9
5位	ロッテ	121.5		10位	農協	60.6

（出所）公正取引委員会報道資料により作成。

財閥が経済に占める割合は高い

●企業全体の資産総額，売上高，当期純利益に占める財閥の割合：2018年基準

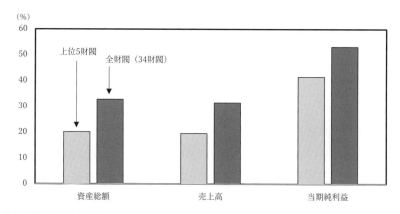

（注）数値は金融・保険会社を除くベース。
（出所）公正取引委員会報道資料および韓国銀行「2018年 企業経営分析」により作成。

12 財閥の財務構造改革

財務構造改革により収益構造が改善

> 通貨危機以前の企業は有利子負債を多く抱えており，重い金融費用負担により赤字に陥りやすい体質でした。1998年に財務構造改革が行われ，財閥には負債比率を200％以下にするという目標を課しその達成を促しました。その結果，負債比率は大きく低下し，安定的に黒字を出せる体質となりました。

　通貨危機の直後である1998年に4大改革のひとつとして企業構造改革が行われました。企業構造改革のターゲットは事実上財閥であり，内容は財務構造改革でした。通貨危機以前に財閥が抱えていた最大の問題は脆弱な財務構造でした。

　通貨危機以前の財閥は積極的に規模の拡大を行っていました。企業規模拡大は借入れや債券発行など有利子負債によって行われてきたため，利子など金融費用負担が企業に重くのしかかる構造となっていました。この問題は1997年に顕在化し，複数の財閥が金融費用負担に耐えられず破綻しました。

　そこで1998年に企業構造改革の一環として財務構造改革が行われ，「負債比率200％以下」という目標を掲げ，当時の5大財閥については，大統領が財閥のオーナーを呼び出し，1999年末までの目標達成を約束させました。他の財閥についても，目標達成に向けた行動計画の作成を義務づけ，融資額が最大の銀行である主債権銀行に目標の達成状況を監視させました。

　この結果，1997年末には396％であった製造業の負債比率が，1999年末には215％となり，政府が目標としていた200％を概ね達成しました。負債比率はその後も緩やかに低下し，2013年には100％を切りました。

　負債比率の低下は企業部門の収益構造を改善させました。金融費用比率は改革前の5～6％台から大きく低下し，2000年代中盤以降は1％前後で安定的に推移しています。これは営業利益率を大幅に下回る数値であり，企業部門は安定的に黒字を出せる体質に生まれ変わりました。

負債比率は構造改革以降に大きく低下

● 製造業企業の負債比率：1990〜2018年

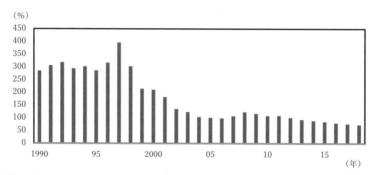

（注）負債比率は，（負債÷自己資本）×100％である。
（出所）韓国銀行データベースにより作成。元データは，韓国銀行「企業経営分析」。

企業の財務構造は大幅に改善

● 製造業企業の営業利益率と金融費用比率：1990〜2018年

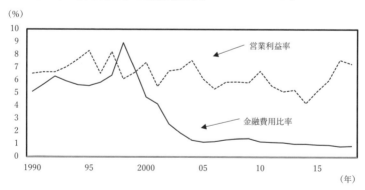

（注）営業利益率は，（営業利益÷売上高）×100％，金融費用比率は，（金融費用÷売上高）×100％
　　　である。
（出所）韓国銀行データベースにより作成。元データは，韓国銀行「企業経営分析」。

13 財閥のガバナンス改革

オーナー支配解消政策は実を結ばず

> オーナーやその一族は，財閥全体の株式の少数しか持っていないにもか
> かわらず，実質的に財閥を支配しています。これを解消するために，政府
> は出資総額制限や循環出資禁止などさまざまな規制をかけてきました。し
> かし内部持分比率は高まっておりオーナー支配はより盤石になっています。

　韓国の財閥の特徴は，オーナーやその一族は少数の株式しか所有していない
なか，財閥の系列会社が財閥全体の株式の多くを所有し，系列会社の株式所有
が最終的にはオーナーに帰する構造となっている点です。

　オーナーが少数の株式保有で財閥全体を支配する構造へは国民の批判が強い
とともに，財閥系列企業の経営がしばしばオーナーによる独断的なものに陥る
ことで，通貨危機以前の過剰債務など問題を起こす点が指摘されてきました。

　そこで政府はオーナーが実質的に財閥全体を支配する構造の解消に向けて改
革を行ってきました。そのひとつが出資総額の制限です。相互出資は禁止され
ており，持株会社の設立は1999年まで禁止されていたため，財閥は循環出資を
通じて事実上の相互出資を行い，オーナーによる支配を実現してきました。

　政府は当初，循環出資を直接規制するのではなく，出資額を総量規制するこ
とで循環出資に歯止めをかけようとしました。これが出資総額制限で，純資産
の一定割合までしか出資を認めない規制ですが，規制の強化と緩和を繰り返し
た後，2009年には廃止されました。ただし2014年には新規の循環出資を直接的
に禁止する規制が導入されました。

　循環出資は総じて解消される方向にありますが，解禁された持株会社により
オーナー支配を維持する財閥（例えばLGやSK）が増えるとともに，多段階の所
有構造により支配する財閥もあります。オーナーおよびその親族，系列会社など
財閥内部で財閥全体の株を所有する割合である内部持分率は，政府による規制
にもかかわらず高まっており，オーナーによる支配はより盤石になっています。

オーナーの支配構造に影響を与える規制は緩和と強化で振れている

● 支配構造に影響を与える規制の変更：1990年以降

規　　制	変更内容	変更年
出資総額制限	出資総額を純資産額の40％未満に制限	1990
	〃　　　　　25％　　〃	1995
	出資総額制限廃止	1998
	出資総額を純資産額の25％未満に制限	2001
	〃　　　　　40％　　〃	2007
	出資総額制限廃止	2009
金融・保険会社の議決権制限	議決権の行使は禁止	1990
	原則禁止。一部の議決は30％まで可能	2002
	原則禁止。一部の議決は15％まで可能	2005
持株会社の制限	持株会社の設立禁止	1990
	持株会社解禁。子会社の株式50％以上（上場企業30％）所有，子会社の負債比率100％以上が要件	1999
	子会社の株式40％以上（上場企業20％）所有，子会社の負債比率200％以上が要件	2007
循環出資禁止	循環出資は禁止（既存のものを除く）	2014

（出所）独占規制および公正取引に関する法律により作成。

オーナーによる支配はより盤石に

● オーナーのいる財閥上位10グループの持ち分比率：1997〜2019年

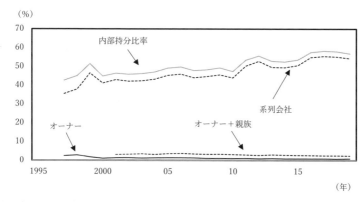

（出所）公正取引委員会報道資料により作成。

14 中小企業

従業員の大半を占めるが利益に占める割合は低い

日本では資本金と従業員数によって，韓国では売上額と資産総額によっ
て中小企業が定義されています。中小企業が経済に占める割合は，事業所
数と従業員数で9割を超えています。しかし，売上高や資産総額は半分に
大きく届かず，営業利益は4分の1を占めるにとどまっています。

韓国と日本の中小企業の定義は異なります。韓国では，「売上額が業種別に定
められた金額以下」，「資産総額が5,000億ウォン以下」という条件をともに満た
した企業です。日本では，「資本金が業種別に定められた金額以下」，「常用雇用
の従業員数が業種別に定められた人数以下」という条件のいずれかを満たした
企業です。つまり，韓国は売上高と資産総額，日本では資本金と従業員数といっ
た異なった尺度で，中小企業か否かが決まります。

韓国の中小企業が企業全体に占める割合をみてみましょう。まず，企業数は
1994年には283万社でしたが，2017年には374万社に増えました。企業全体に
占める割合は1994年には99.3%でしたが，その後割合が高まり，2005年以降は
99.9%となっています。なお日本の割合は2016年で99.7%です。

次に従業員数は，1994年には768万人でしたが，2017年には1,553万人に倍
増しました。企業全体に占める割合は1994年には75.1%でしたが，2000年には
80%，2015年には90%を超えました。ちなみに，日本の割合は2016年で68.8%
であり，韓国よりは低い水準です。

このように，企業のほとんどすべてが中小企業であり，従業員も大部分が中
小企業で働いている状態ですが，財務諸表の重要な項目をみると状況が大きく
異なっています。2018年においては，企業の資産総額のうち中小企業が占める
割合は34.7%です。売上高については41.1%ですが，営業利益は25.1%を占める
に過ぎません。

中小企業の数と従業者数は増加している

●中小企業の企業数および従業者数：1994～2017年

（出所）中小ベンチャー企業部「中小企業現況」により作成。

中小企業の利益が企業全体に占める割合は低い

●中小企業の資産総額，売上高，営業利益が企業全体に占める比率：2018年

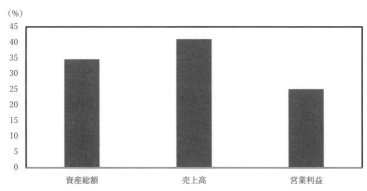

（注）金融業および保険業などは除く。
（出所）韓国銀行「2018年 企業経営分析」により作成。

15 開廃業率

零細な小売店や飲食店が生まれては消える

> 開廃業率は日本より高く，欧米諸国と比較しても高い水準です。従業員規模別・産業別には，従業員が1名の卸・小売業および飲食・宿泊業の企業の開業と廃業が多くなっています。開業した従業員1名で飲食・宿泊業の企業が5年存続する割合は17%に過ぎません。

　韓国における企業の開業率は2013〜2017年の5年間の平均で14.8%，廃業率は12.0%です。日本の開業率は5.2%，廃業率は3.7%であり，韓国の開廃業率はこれに比較して高い値です。さらに欧米諸国と比較しても韓国の開廃業率は高いと考えられます[*]。

　企業の開業および廃業の動きを詳しくみると，従業員が1名の卸・小売業および飲食・宿泊業の企業の開業と廃業が多く，2013〜2017年の開業数，廃業数のそれぞれ33%，44%を占めています。すなわち，零細な小売店や飲食店が，毎年多く生まれては消えていることがわかります。

　新しく開業した企業が一定期間存続する比率（2013〜2017年の平均値）をみると，従業員が2名以上の企業については，1年生存率が79.1%，5年生存率が39.9%です。しかしこれが1名の企業になると，1年生存率が61.2%，5年生存率が27.1%に下がります。

　なかでも従業員1名で飲食・宿泊業の企業は，1年生存率が57.6%，5年生存率が17.7%に過ぎません。韓国では企業でリストラされた人が退職金を元手に飲食店を始めるケースが多いという話を聞きますが，生き残ることは簡単ではなさそうです。

---

[*] 中小企業庁（日本）『2019年版 中小企業白書』では，2001〜2017年におけるアメリカ，イギリス，ドイツ，フランスの開廃業率が図で示されています。数値のある年の平均値を算出すると，4カ国の数値は開業率は7〜12%台，廃業率は8〜10%台の間に入っています。

企業の開業率と廃業率は高水準

●日韓の企業の開業率および廃業率：2007〜2017年

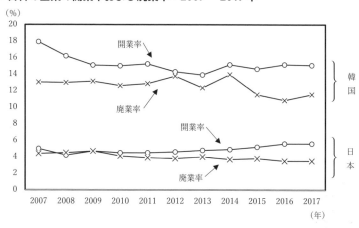

（出所）日本は中小企業庁「2019年販 中小企業白書」，韓国は統計庁「企業生滅行政統計」により作成。

零細な飲食・宿泊業企業が生き残ることは簡単ではない

●従業員1名・飲食・宿泊業の企業の生存率：2013〜2017年の平均値

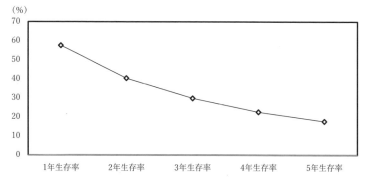

（出所）統計庁「企業生滅行政統計」により作成。

16 失業率

失業率の水準は低い

> 失業率は 1960 年代には高水準でしたが，その後は着実に低下し，2000
> 年代以降は 3%台で推移しています。また，OECD 加盟国のなかでは韓国
> の失業率は低いといえます。景気循環によらない構造失業率は低いと考え
> られますが，これは失業給付の水準が相対的に低いことが一因です。

　失業率の統計がとれるようになった1963年の失業率は8.1%と高水準でした。
当時，農村地域の豊富な労働力が都市に流れ込んでおり，都市部が過剰労働力
供給の状態にあったことがその要因です。ちなみに，1963年の非農家部門の失
業率は16.3%にも達していました（労働部 2006）。

　しかし1960年代中盤以降，製造業などが育ち，経済成長率が高まるとともに
労働需要も増え失業率は急速に低下しました。1980年には第二次石油ショック
や政治的混乱による不況，1998年にはアジア通貨危機後の不況により失業率が
一時的に跳ね上がりましたが，総じてみれば低水準で推移しています。

　失業率は景気の良し悪しで短期的に変化しますが，景気がいかに良くなって
も失業率はゼロになりません。これは雇用のミスマッチなど労働市場の構造に
より発生する失業があるからです。失業率のうち構造的な要因で決まる部分を
構造失業率と呼びますが，韓国の失業率は近年3%台で推移しており，構造失業
率は低いと考えられます。

　構造失業率が低い理由のひとつとして，失業給付の水準が相対的に低いこと
が挙げられます。失業給付の給付水準は失業前平均賃金の50%，支給期間は90
日（加入期間1年未満，30歳未満）〜270日（同10年以上，50歳以上）であり，賃金
代替率も支給期間も OECD 加盟国のなかで低位です。ちなみに自発的な失業者
には給付はなされません。失業給与を受け取りながらじっくりと職を探すこと
が難しいこともあり，韓国の失業率は OECD 加盟国で相対的に低くなっていま
す。

失業率は低下傾向で推移し近年は3%台で安定

● 失業率：1963 ～ 2019年

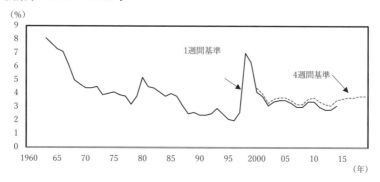

（注）調査時点で過去4週間に求職活動を行い，かつ職に就いていない者を失業者とする基準が4
　　週間基準。4週間を1週間に読み替えたものが1週間基準。国際基準は4週間基準で，韓国は
　　現在4週間基準を採用している。
（出所）統計庁「経済活動人口調査」により作成。

韓国は失業率が相対的に低い

● OECD加盟国の失業率：2019年

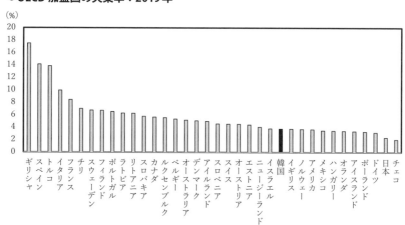

（注）2019年の四半期別失業率の平均値。一部の国のデータは第4四半期のデータがないため，第
　　1四半期から第3四半期までの平均値とした。
（出所）OECDデータベースにより作成。

17 若年失業率

雇用のミスマッチにより若年失業率は高水準

> 若年失業率は10％を超える水準で推移しています。若年失業率が高い理由のひとつは雇用のミスマッチです。大企業をめざす若年層が増えるなか，大企業は採用を減らしています。大企業へ就職できない若年層は中小企業に就職するわけではなく，大企業や公務員などをめざし続ける傾向にあります。

　若年層（15〜24歳）の失業率をみると，2014年以降は10％を超えて推移しています。一方，日本は2003年には一時的に10％を超えたことがありましたが，その後はリーマンショック後の不況で高まった時期を除けば，おおむね一貫して失業率が低下してきました。その結果，近年では韓国が日本を5％以上も上回る状況です。

　韓国で若年失業率が高い理由として雇用のミスマッチを挙げることができます。若年層の就職先としては給与水準が高い大企業，安定している公企業や公務員の人気があります。一方，中小企業は就職先として敬遠され，この傾向は日本より強いと考えられます。

　大企業の人気が高い理由のひとつは高い給与水準です。統計庁によれば，20歳代では中小企業で働く労働者の所得は大企業の65％です。そしてこれが40歳代では43％，50歳代では38％と年齢が高まるごとに所得格差が広がります。

　若年層の就職先として人気が高い大企業は，1997年の通貨危機以降に正社員の採用を減らしています。一方で，大企業志向がとくに強い大卒者は近年の進学率の大幅な高まりにより増えています。当然，大企業に就職できない若年層が出てきますが，これら若年層の多くは中小企業に目を向けず，卒業後も大企業への就職をめざす，あるいは公務員や資格試験をめざす傾向にあります。

　大企業優先の産業政策が続き中小企業が育っていないことも若者が敬遠する理由です。若年層の職場が不足しているわけではなく，中小企業は深刻な人材難に陥っており，雇用のミスマッチが若年失業率を押し上げています。

韓国の若年失業率は高水準で推移

● 日韓の 15 ～ 24 歳の失業率：2000 ～ 2019 年

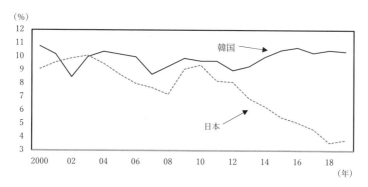

（出所）韓国は統計庁「経済活動人口調査」，日本は総務省「労働力調査」により作成。

大企業と中小企業の所得格差は大きい

● 年齢層別の大企業と中小企業の月平均所得：2018 年

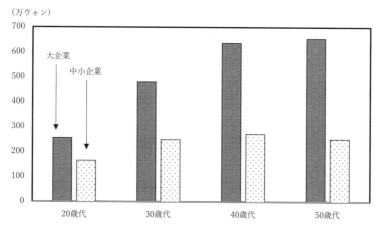

（注）20 歳代は 20 ～ 24 歳と 25 ～ 29 歳の平均所得を単純平均した値。30 歳代，40 歳代，50 歳代も
　　同様の手法により算出。
（出所）統計庁「働き口行政統計」により作成。

18 非正規雇用比率

パートが増加するなか非正規雇用比率は低下傾向

> 非正規雇用比率は 2004 年以降低下し，近年は安定して推移していました。一方，日本は徐々に高まっており，2010 年以降は日本の非正規雇用比率の方が高くなっています。韓国の非正規雇用労働者数は増加していますが，もともと数が少なかったパートタイムが近年増加しています。

非正規雇用比率は2001年から始まった「経済活動人口雇用形態別付加調査」により把握できるようになりました。非正規雇用労働者の賃金労働者に対する比率（非正規雇用比率）は，2001年から2004年の間に大きく高まりましたが，その後は徐々に低下し，近年は32％程度で安定して推移してきました。なお，2019年は比率が高まり，この動きが続くか注意が必要です。

日本については2001年以前から非正規雇用比率を把握できますが，緩やかに上昇を続けています。韓国と比較すると一時期韓国が日本を上回っていましたが，2010年以降は日本の方が高くなっています。ただし日韓の非正規雇用労働者の定義は異なり単純には比較できないことには留意が必要です。

韓国では，①有期契約，②パートタイム，③非典型（間接雇用など）といった条件のいずれかを満たした雇用者が非正規とされます。一方，日本では勤務先での呼称が，「パート」，「アルバイト」，「契約社員」，「嘱託」などである雇用者が非正規とされています。

韓国で非正規雇用労働者とされる3つの条件はそれぞれ排他的ではありません。つまり有期契約かつパートタイムのように複数の条件を満たす者がいるため，各条件を満たす者をそれぞれ積み上げると非正規雇用労働者の総数を上回ります。非正規雇用比率は2004年以降低下傾向で推移していますが，非正規雇用労働者数は増加しています。韓国の特徴はパートタイム労働者が比較的少なく，有期契約労働者が多いことです。しかし近年はパートタイム労働者の数が増えています。

非正規比率は30%台で推移

● 日韓の非正規雇用比率の推移：2001 〜 2019年

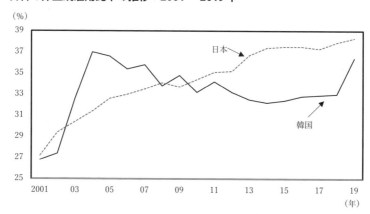

(注) 韓国の非正規雇用比率は8月基準。
(出所) 韓国は，労働部 (2005) および統計庁「経済活動人口雇用形態別付加調査」などの数値，日本は総務省「労働力調査（特別調査）」(2月調査) および「労働力調査（詳細集計）」の数値により作成。

パートタイム労働者が増加している

● 非正規雇用労働者とその内訳：2003 〜 2019年

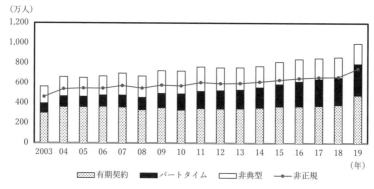

(出所) 統計庁「経済活動人口雇用形態別付加調査」により作成。

19 非正規雇用の問題点

非正規は雇用が不安定で賃金も低い

解雇規制は比較的弱いのですが労働組合の力が強いため雇用者の解雇は難しく，大企業を中心に非正規雇用を増やしています。正規と非正規の間の賃金格差は大きい状態です。正規雇用が見つからず，雇用が安定せず賃金も低い非正規雇用で働かざるをえない人が多いことは問題です。

非正規雇用として働くことは必ずしもネガティブなことではありません。家事，勉強，趣味などと仕事を両立させるため，あえてパートタイムとして働くこともあり，多様な働き方の受け皿として非正規雇用は重要です。

しかしながら韓国で非正規雇用が問題となっている理由としては，①雇用調整を容易にするために企業が非正規雇用を増やしている，②正規と非正規間に賃金を始めとした格差があることを挙げることができます。

韓国は雇用保護規制の上では雇用者を解雇しやすい国です。OECDは加盟国の解雇規制の強さを客観的に示す雇用保護指標を公表しています。現時点で最新である2013年の数値を見ると，韓国は34カ国中，解雇規制が弱い順で13位です。日本は10位であり韓国とほぼ同程度です。

ただし韓国は労働組合が強く，とくに大企業では雇用者の解雇はきわめて難しくなっています。一方で経済のグローバル化が進み，需要が海外の景気動向により大きく変動するようになったため，雇用調整の必要性が増しています。その結果，大企業を中心に雇用調整が容易な非正規雇用を増やしています。

正規と非正規の間の賃金格差も問題です。2019年のデータからは，賃金は正規を100とした場合，有期契約は59，パートタイムは57，非典型は59にとどまっています。

大企業を中心に雇用調整をしやすい非正規雇用を増やしているので，正規雇用が見つからず非正規雇用で働く人も増加しました。雇用が不安定で賃金も低い非正規雇用で働かざるをえない人が多いことは問題です。

雇用保護規制上，韓国は比較的解雇しやすい

● 雇用保護指標：2013 年

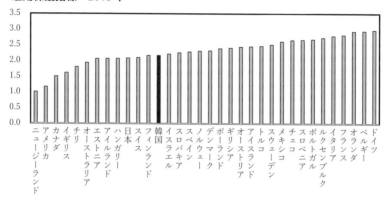

（出所）OECD"Employment Outlook 2013" により作成。

非正規雇用労働者の賃金は正規と比較して低水準にとどまっている

● 正規と非正規の賃金格差：2019 年

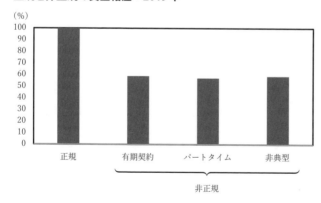

（出所）統計庁「経済活動人口雇用形態別付加調査」（2019 年 8 月調査）により作成。

20 労働時間

時短が進むも労働時間はまだ長い

> 韓国の労働時間は長く，OECD加盟国ではメキシコに次いで2番目に労働時間が長く，労働者は日本より年間で300時間以上も多く働いています。ただし，1987年までは年間で2700時間を超えていましたが，法定労働時間の引き下げなどにより，30年間で600時間以上労働時間が減少しています。

　長時間労働といえば日本というイメージですが，平均すると韓国の労働者は日本より年間で300時間以上多く働いており，OECD加盟国でも2番目に長時間労働の国です。2019年においても平均して年間2,000時間以上労働している韓国の労働者ですが，これでもここ30年ほどで600時間以上労働時間が短縮されています。

　勤労基準法（日本の「労働基準法」）上の法定労働時間，すなわち所定労働時間の上限は，1953年5月から1988年3月までは週48時間でしたが，これが1988年4月からは44時間に改められました。標準的には日曜日を除き朝から晩まで働く状態から，土曜日はお昼までの勤務で済むようになりました。

　その結果，1980年代末から1990年代初頭にかけて200時間以上労働時間が短くなりました。次の法定労働時間の変更は2003年8月で週44時間から週40時間になり，週休二日が前提となりました。1988年の変更では最長2年半の経過措置が設けられましたが，2003年の変更では最長8年弱という長期間の経過措置が設けられ緩やかに労働時間の短縮が進んでいきました。

　韓国の労働時間が長い理由は超過勤務が多いからです。韓国では休日勤務も含めて週28時間の超過勤務残業が認められていました。しかし2018年7月よりこれが12時間に制限されることとなり，法定労働時間を含めて週52時間に勤務時間が制限されました。今後はこの影響により労働時間の短縮が進んでいくと考えられます。

韓国は OECD 加盟国の中で 2 番目の長時間労働の国

●OECD 加盟国の年平均労働時間：2018 年

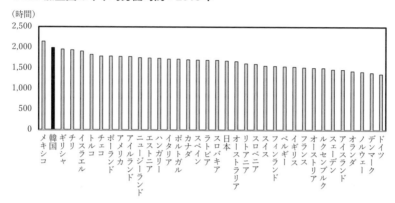

（注）トルコは 2015 年の数値。
（出所）OECD データベースにより作成。

労働時間は昔と比べて短縮

●常用雇用労働者の年平均労働時間：1980 ～ 2019 年

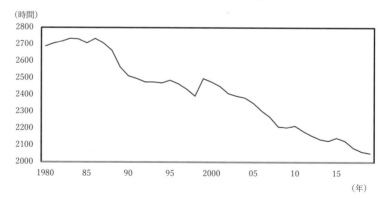

（注）年平均労働時間は，（週平均労働時間÷7）×365 で算出。
（出所）韓国労働研究院「KLI 労働統計」および雇用労働部「事業体労働力調査」により作成。

21 最低賃金

近年の大幅引き上げで日本の17の県より高まる

> 最低賃金は1988年に導入され，適用範囲が徐々に広げられ2000年にすべての賃金労働者に適用されました。近年，文在寅政権の所得主導成長の目玉政策として最低賃金が大幅に引き上げられましたが，雇用が減るといった副作用が出ました。2020年の最低賃金は日本の17の県より高くなっています。

　韓国では1953年の勤労基準法改正時に最低賃金の根拠規定が定められましたが，実際の導入は1988年まで待たなければなりませんでした。ただし適用範囲は製造業の常用雇用労働者が10人以上の事業所で働く者に限定されていました。その後，4回にわたり範囲が広げられ，2000年にようやくすべての賃金労働者に対象が拡大されました。

　最低賃金は文在寅（ムンジェイン）政権が掲げる所得主導成長の目玉政策として2018年には16.4％，2019年には10.9％と大幅に引き上げられました。最低賃金の急激な上昇は，零細事業所の人件費増に直結し，零細事業主が雇用を減らす副作用を生みました。小売業や飲食業は，客が少ない時間帯の営業を止める，事業主やその家族の労働時間を増やすなどして雇用を減らすなどして，雇用を減らした点が明らかになっています。

　そこで文在寅政権は2020年の最低賃金を2.9％増にとどめました。それでも文在寅政権における最低賃金の引上率は8.6％です（年平均，実質）。これは民主化直後で労働争議が激しかった盧泰愚（ノテウ）政権時の9.4％に次ぐ高さであり，盧武鉉（ノムヒョン）政権の7.5％，李明博（イミョンバク）政権の2.6％，朴槿恵（パククネ）政権の6.2％と比べて高い水準となっています。

　韓国の最低賃金は，都道府県別に定められている日本とは異なり，全国一律です。2020年の日本と韓国の最低賃金を比較すると，宮城県を除く東北，島根県，鳥取県，香川県を除く四国，福岡県を除く九州，沖縄県といった17の県が韓国より下回っています。

文在寅政権は所得主導成長のため最低賃金を大幅に引上げ

● 政権ごとの最低賃金引上げ率：名目および実質年平均引上率

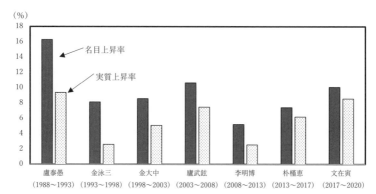

（出所）雇用労働部資料および統計庁「消費者物価指数」により作成。

最低賃金は日本の17の県より高い

● 韓国より最低賃金が低い日本の都道府県および韓国の最低賃金：2020年

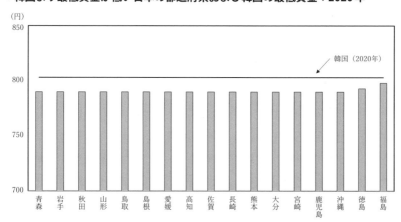

（注）2019年の平均為替レートで換算した。
（出所）韓国は雇用労働部および韓国銀行資料，日本は厚生労働省資料により作成。

22 労働組合の組織率

全体の組織率は低いが大企業では高い

> 労働組合の組織率はピーク時でも20％を超えておらず，近年は10％程度で推移しているなど，日本と比較しても低水準といえます。ただし規模の大きな企業の組織率は高く，300人以上は51％です。また，企業別組合が中心であり，産業別の組合は影響力は大きくありません。

　韓国の労働組合は過激であるという印象があります。確かに韓国の労働組合は過激で日本では考えられない要求をしてそれを押し通しています。そこでまずは労働組合の組織率を見てみましょう。

　労働組合の組織率はピークの1989年でも18.6％であり，その後は低下傾向で推移し2018年には11.8％にまで落ち込んでいます。日本と比較すると一貫して韓国の方が組織率が低い状況がみてとれます。

　ただし労働組合の組織率は企業規模で大きな差があります。従業員数が30人未満の企業の組織率は0.1％に過ぎず，30〜99名も2.2％，100〜299名も10.8％にとどまっています。一方で，300名以上では組織率が50.6％に跳ね上がり，規模が大きな企業の組織率は高くなっています。日本でも規模が大きな企業ほど組織率が高いことは韓国と同じですが，1000人以上の規模の組織率が41.5％と，韓国の300人以上の組織率を下回っています。

　韓国の労働組合の特徴のひとつとしては，全体の組織率は低いのですが大規模な事業所の組織率は高いことが挙げられます。また韓国の労働組合の特徴としては，日本と同様に，企業別労働組合が中心であり，産業別の労働組合は影響力が大きくありません。

　ちなみに韓国には労働組合のナショナルセンターとして，韓国労働組合総連盟（韓国労総）と全国民主労働組合総連盟（民主労総）があり，人数ベースでは韓国労総に40.0％，民主労総に41.5％が所属しています。どちらかというと民主労総の方が過激な活動を行う傾向があるという印象が持たれます。

▌労働組合の組織率は日本より韓国が低い

●日韓の労働組合の組織率：1963～2018年

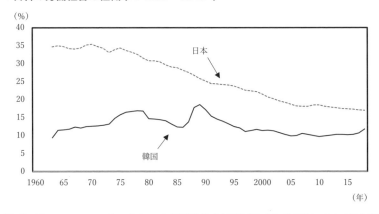

(出所) 韓国はキムユソン (2008) および雇用労働部「全国労働組合組織現況」，日本は厚生労働省
「平成30年労働組合基礎調査の概況」などにより作成。

▌規模が大きな企業の組織率が高い

●企業規模別の労働組合の組織率：2018年

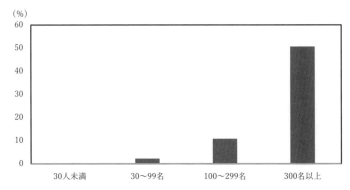

(出所) 雇用労働部「全国労働組合組織現況」により作成。

23 労働組合とストライキ

ストライキは要求を通す有効な手段

> 韓国では使用者側の対抗手段が制限されているため，ストライキは労働組合が要求を通すための重要な手段となっています。ストライキのため失われた労働日数は民主化宣言直後に比べて減っていますが，現在も日本と比較すればはるかに多くなっています。またストライキは長期化の傾向にあります。

　韓国では法律上の規定によって，使用者側はストライキなどの争議行為で中断した業務を行うための代替要員を確保することが禁止されています。また使用者側が労働者を事業場から締め出すロックアウトも可能ではありますが厳しく制限されています。

　日本では使用者に認められているストライキなどに対する対抗策が，韓国ではことごとく認められていないため，労働組合にストライキを打たれると，業務中断を余儀なくされ使用者側は損失を被ることとなります。よって労働組合にとってストライキは要求を通すための効果的な手段となっています。

　ストライキの激しさを示す指標として労使紛争による労働損失日数をみてみましょう。この指標は，労使交渉の不一致により労組がストライキを行うことで生産作業が中断された場合，その日数を事業所ごとに積み上げることで算出されます。民主化宣言がなされた1987年以降，これまで労働争議が抑圧されてきた反動もあり労働損失日数は700万日近くまで急増しました。

　1990年以降は労働損失日数が減り，2010年代は年平均で75万日となりましたが，日本の数値は定義に差があるものの2014〜2018年の平均で約1万日です。よって韓国の損失日数は現在でも多いといえます。

　なお労働紛争への参加者は1990年以降，年平均10万人程度で変化はありません。一方で，労働争議の年平均持続日数は1990年代の22日から，2010〜2017年には28日に増えました。ストライキは長期化しており労働組合は要求が通るまで長期間のストも辞さない構えであるようです。

ストによる損失日数はピークよりは減っているものの少なくない

● 労使紛争による労働損失日数：1977〜2019年

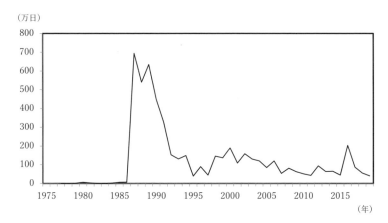

（出所）金（2001）および雇用労働部「労使紛糾統計」などにより作成。

ストライキは1990年代より長くなっている

● 労使紛争への参加者数と持続日数：1985〜2017年

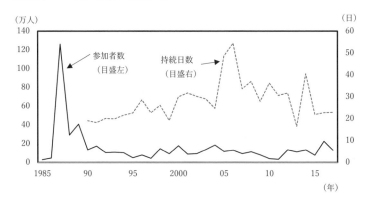

（出所）韓国労働研究院「KLI労働統計」により作成。

三星電子だけで企業全体の利益の4分の1を稼いだ

　韓国の企業の中で，日本で最も知られた企業といえば三星（サムソン）電子でしょう。三星電子は，半導体メモリー（DRAM および NAND 型フラッシュメモリー），スマートフォン，テレビ，有機 EL で世界1のシェアを占めており，韓国の企業でも突出した存在感を示しています[*]。

　貸借対照表の重要項目をみると，2018 年の総資産は 339 兆ウォン（2018年の為替レートで 34.1 兆円）であり企業全体の 6.6％を占めています。次に損益計算書の重要項目をみると，売上高は 244 兆ウォン（同 24.5 兆円）で企業全体の 5.9％，営業利益は 59 兆ウォン（同 5.9 兆円）で 25.1％，当期純利益は 44 兆ウォン（同 4.5 兆円）で 27.5％です。

　2018 年には三星電子だけ企業全体の利益の4分の1程度を稼いでおり，まさにガリバー企業です。2019 年の当期純利益は 22 兆ウォン（2019 年の為替レートで 2 兆円）と半減しましたので，企業全体に占める割合も下がることが予想されますが，それでも三星電子がガリバー企業であることには変わりはなさそうです。

●損益計算書などの主要項目において三星電子の占める割合：2018年

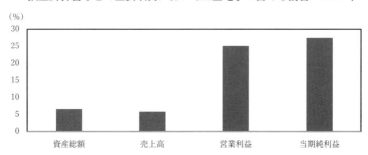

（出所）三星電子の監査報告書および韓国銀行「企業経営分析」により作成。

　＊　世界シェアの出所は『会社四季報 業界地図 2019 年版』（東洋経済新報社）です。

第3章

国際金融・貿易分野

24 為替レート
長期的には対ドルレートはウォン安傾向で推移

> 　韓国では為替相場制度が4回変更され，1997年12月から現在の変動為替相場制度となりました。長期的にみるとドルに対してウォン安で推移しており，四半世紀でウォンはドルに対して4分の1程度に減価しました。ただし2000年代以降はウォン高傾向が続くことも珍しくなくなりました。

　韓国では為替相場制度が4回変更されました。最初の制度は1945年8月から1964年5月まで導入された固定為替相場制度ですが，アメリカと韓国の物価上昇率の差がきわめて大きく，固定されたレートが実勢から激しく乖離したため，頻繁にウォンの切り下げが行われました。

　次の制度は1964年5月から1980年2月まで導入された単一変動相場制度です。市場における需給で為替レートが決まる制度ですが，実際には政府が為替レートを決めていました。そして1974年12月からウォン・ドルレートは固定され，固定為替相場制度として運用されました。

　1980年2月から1990年2月までは複数通貨バスケット制度が導入されました。この制度の下ではウォン・ドルレートは複数の通貨から構成されるバスケットレートから算出されました。

　さらに1990年3月から1997年12月までは市場平価為替制度です。この制度の下では，前営業日の平均レートを基準値として，基準値から一定幅の変動が許容されました。制度導入時の許容変動幅は0.4％でしたが，1995年12月には2.25％に拡大されました。

　そして1997年12月からは変動為替相場制となり現在に至っています。長期的に見ると，ほぼ一貫してウォン安傾向で推移してきており，1965年には1ドル256ウォンであったものが，2019年には1,166ウォンと，ウォンはドルに対して4分の1程度に減価しています。ただし，2000年代以降はウォン高傾向が続くことも珍しくなくなりました。

1945年以降4回為替相場制度が変更

●韓国の為替相場制度の変遷

固定為替相場制度	1945年8月〜1964年5月	10回以上ウォンの切り下げが行われ、ドルに対するウォンの価値は1万7,000分の1となった(途中2回のデノミがなされた)。
単一変動為替制度	1964年5月〜1980年2月	1974年12月からは実質的に固定為替相場制度とされた。
複数通貨バスケット制度	1980年2月〜1990年2月	複数の通貨から構成されるバスケットレートによりウォン・ドルレートが決まった。
市場平均為替制度	1990年3月〜1997年12月	管理フロート制であり、基準値の一定幅で変動を許容した。
変動為替相場制度	1997年12月〜	為替市場の需給で相場が決まる。

(出所) 韓国銀行資料などにより作成。

半世紀でウォンはドルに対して4分の1程度に減価

●円およびウォンの対ドルレート:1965年1月〜2020年4月

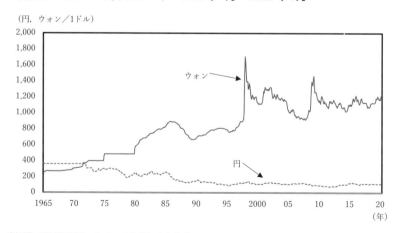

(出所) 韓国銀行データベースなどにより作成。

25 通貨危機

韓国では1997年11〜12月にウォンが大暴落

> 　短期間に為替レートが大きく減価する通貨危機は世界の各地で発生してきましたが，韓国で「通貨危機」といえば1997年11〜12月に発生したウォンの暴落のことを指します。通貨危機の要因としては，短期対外債務が多かったなかで，外貨準備がまったく足りなかったことが挙げられます。

　韓国で通貨危機という場合は，1997年11〜12月に韓国が経験したウォン大暴落のことを指します。通貨危機が始まった日は1997年11月17と考えられますが，この日からウォンが最安値をつけた同年12月25日までの1カ月余りで1ドル987ウォンから1,965ウォンとなり，ウォンは大きく減価しました。通貨危機の直接の原因としては，短期的に返済を求められるリスクがある短期対外債務が多かったなかで，外貨準備がまったく足りなかったことが挙げられます。

　通貨危機以前は外貨の短期借入れは自由度が高く，金融機関はこれを積極的に行いました。1996年には，総対外支払い負担（IMF基準）は金融部門で1,195億ドルでしたが，短期はその65.3％に相当する780億ドルでした。

　なお金融機関では，外貨の短期借入れは満期が来ても借換えることができると考えられてきました。しかし，1997年に発生した一連の財閥の破綻と，それにともなう銀行の不良債権の急増などから，韓国の銀行の返済能力に疑義が生じたため，外国の金融機関は1997年11月に入り借換え融資を拒否するようになりました。

　こうなると外貨返済のためにドルが必要になり，韓国銀行が有する外貨準備の取り崩しが求められました。しかし外貨準備の統計には韓国銀行が国内銀行に貸し出している外貨が含まれており，その大半はすでに国外に流出していたため，実際に返済に使える外貨準備はほとんど残っていませんでした。この状況下で外貨不足を原因とする通貨危機が発生し，その収束には国際社会からの金融支援が必要となりました。

■ 1カ月余りでウォンは対ドルで大きく減価

● ウォンの対ドルレート：1997年1月1日〜1998年12月31日

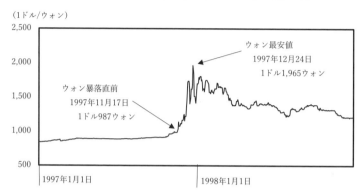

（出所）韓国銀行データベースにより作成。

■ 短期の総対外支払い負担額は1992年以降大きく増加

● 総対外支払い負担額の短期の金額および短期の割合：1992〜1996年

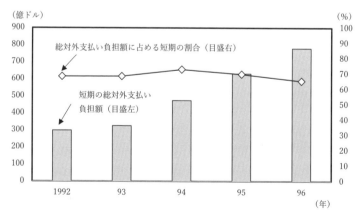

（出所）シンインソク（1998）11ページにより作成。

26 通貨危機後の IMF 支援

IMF 支援の条件は当初は厳しかった

通貨危機に直面した韓国に対し，IMF の 210 億ドルの融資を含め，総額
で 580 億ドルを超える金融支援が表明されました。IMF は融資の条件とし
て韓国政府に対し緊縮財政，金融引き締め，構造改革などの実施を要求し
ましたが，これにより韓国経済は深刻な不況に陥りました。

韓国が直面した通貨危機は1997年11月17日から（以下で示す日はすべて1997
年です）始まりましたが，政府は11月21日に IMF に対しスタンドバイ取極
(Stand-By Arrangement ：SBA) を要請しました。SBA とは IMF の加盟国が短
期的に国際収支上の問題に陥った場合受けることのできる融資です。

12月3日には IMF と取極が結ばれ，SBA による融資に，資本収支の不均衡に
より発生する短期的な危機に対応するための補完的準備融資制度 (Supplemental
Reserve Facility ：SRF) による融資が加えられ，合計210億ドルの金融支援がな
されることになりました。

アジア開発銀行も40億ドル，国際復興開発銀行も100億ドルの供与を行うこ
ととし，さらに不足時に備えて総額233億5,000万ドルの第二準備線も表明され
ました。合計すると，韓国に対する金融支援は580億ドルを超えました。

ただし，かってない規模の金融支援でも通貨危機は収束せず，12月24日に
IMF と主要先進国が，資金の早期支援に加え，主要先進国の政府が自国の債権
銀行から対韓国債務の繰り延べの約束を取り付けることを表明したことで，よ
うやく韓国の通過危機は収束しました。

IMF からは融資を受けるための条件が課されました。12月3日時点の条件は，
歳出削減などにより財政収支を黒字にすること，コール金利を24％に引き下げ
ることなどでした。その後，条件は緩和されましたが，超緊縮的なマクロ経済
政策を行ったことにより経済は深刻な不況に落ち込み，1998年の経済成長率は
マイナス5.5％を記録しました。

総額で580億ドルを超える金融支援が表明された

● 韓国に対する金融支援の内訳

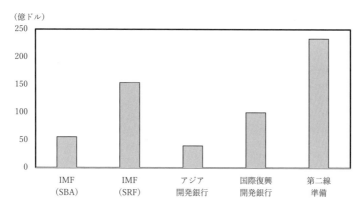

（出所）高安（2017）などにより作成。

当初の IMF コンディショナリティは厳しかった

● マクロ経済政策に関する IMF コンディショナリティの推移

	1997年12月3日時点の条件	1998年5月2日時点の条件
財政政策	統合財政収支を均衡あるいは小幅の黒字とする	GDP の1.2％の赤字とし，1.7％の赤字まで許容する
金融政策	コール金利を24％とする（1997年12月24日時点の条件では「30％」とされた）	コール金利を継続して引き下げる（1998年2月7日時点の条件でコール金利の引下げが許容された）

（出所）チャンヒョンス・ワンユンジョン（1999）により作成。

27 資本移動の自由化

通貨危機後に資本移動規制のほとんどが撤廃

> 1990年代に資本移動の自由化がすすめられ，通貨危機後には資本移動規制のほとんどが撤廃されました。資本移動の自由化には，外国人による投資が活発になるメリットがあります。一方で，国際金融市場のショックにより資本が急激に流出し通貨が暴落するリスクに直面するようになりました。

　資本移動の自由化が本格化したのは1990年代です。外国人の国内株式投資は，1992年1月に国内株式市場が外国人に開放され，上場株式に対する投資が可能となりました。ただし銘柄ごとに外国人全体および外国人一人当たりの取得限度が定められ，それぞれ発行株式数の10％，3％でした。その後，取得限度は徐々に引き上げられ，1997年12月中旬にそれぞれ50％になりました。

　外国人の債券投資は，債券市場が十分に成熟しておらず内外金利差も大きかったことから，1997年まではほとんど自由化されませんでした。国内金融機関による外貨借入は，長期借入れについては1990年代に規制が強化されましたが，短期借入れは申告や許可など規制がありませんでした。

　1990年代に総じて資本の自由化が進みましたが，通貨危機前には残っている規制が少なくありませんでした。しかし通貨危機後，残っていた資本移動規制のほとんどが撤廃されました。資本移動の自由化は外国人による投資を促しましたが，急激な資本流出により経済が翻弄されるリスクも高めました。

　韓国では，1998年4月から2008年9月までに2,219億ドルが純流入しました。しかしリーマンショック後の2008年9月から2009年1月までの4カ月間に695億ドルが純流出し，ウォンが一時暴落しました。

　急激な資本流出は，欧米の金融機関がリーマンショックに対応するため手元流動性が必要になり，資本移動の自由化が進んでいる韓国から資金を引きあげたことにより生じました。国際金融市場でショックが生ずると，資本が急激に流出し，通貨が暴落するリスクに韓国は今も直面しています。

資本移動規制の自由化は1990年代に進んだ

●外国人の国内株式投資の自由化の動き

自由化の時期	自由化の内容（銘柄ごと発行株式に対する比率）
1992年 1月	外国人全体が10％，外国人1人が3％の取得限度
1994年 12月	外国人全体が12％に拡大
1995年 6月	外国人全体が15％に拡大
1996年 4月	外国人全体，外国人1人がそれぞれ15％，4％に拡大
1996年 10月	外国人全体，外国人1人がそれぞれ20％，5％に拡大
1997年 5月	外国人全体，外国人1人がそれぞれ23％，6％に拡大
1997年 11月	外国人全体，外国人1人がそれぞれ26％，7％に拡大
1997年 12月	外国人全体，外国人1人がそれぞれ50％に拡大

（出所）Kim, Kim and Wang（2001）などにより作成。

外国人による資本の流出入が大きくなった

●外国人による資本移動の推移

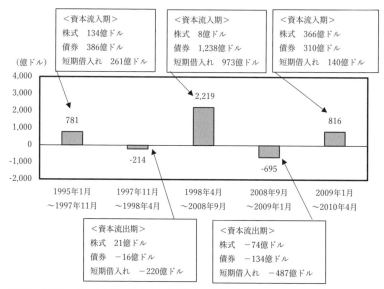

（出所）企画財政部ほか「資本流出入変動緩和方案」（2010）により作成。

28 外貨準備高

外貨準備は不足から十分な水準に

> 1997年の通貨危機時には外貨準備が足りず，国際機関や先進国政府の支援を受けることになりました。通貨危機後は外貨準備が着実に増え，2019年末は短期対外債務に対する比率が304％で，世界9位の外貨準備保有国になりました。外貨準備の大半は有価証券の形で保有されています。

　外貨準備は政府が保有する外貨建ての準備資産です。通貨危機などが発生して外国に対して外貨建て債務の返済が困難になった場合に使用するとともに，自国通貨の減価を止めるための為替介入にも使用します。

　韓国では1997年の通貨危機時に外貨準備が十分なく，韓国政府が通貨危機を収束させることは不可能な状態でした。通貨危機は，IMFなどが金融支援を行うとともに，主要先進国の政府が自国の債権銀行から対韓国債務の繰り延べの約束を取り付けるなど，国際機関や先進国の協力により収束しました。

　通貨危機以降は外貨準備高が大きく増加しました。1997年末には204億ドルに過ぎませんでしたが，2019年末には4,088億ドルとなりました。外貨準備が十分に保有されているかを測る指標として，短期対外債務に対する外貨準備高の比率があります。1997年末はこれが34.9％しかありませんでしたが，1999年末には200％を超え，2019年末には304.0％となっています。

　2019年末の時点では中国が最大の外貨保有国で，準備高は3兆ドルを超えています。2位が1兆ドルを超える日本であり，さらには，スイス，ロシア，サウジアラビアと続き，韓国は9位の外貨準備保有国です。

　韓国の外貨準備は現金で保有されているわけではありません。2019年末現在，政府債で44.6％，政府機関債で15.8％，社債で13.4％，資産流動化債で12.5％，株式で8.7％であり，合計で95.0％が有価証券の形で保有されています。有価証券を持つと利子収入が期待できますが，現金化に時間がかかり急激な資本流出が発生した際，為替介入に使用できない可能性があることに留意が必要です。

外貨準備は通貨危機以降急増

● 外貨準備高：年末基準：1960 ～ 2019年

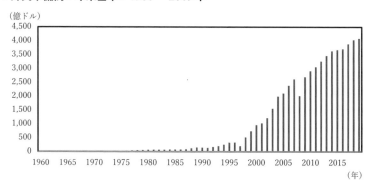

（出所）韓国銀行データベースにより作成。

韓国の外貨準備高は世界で9位

● 世界各国の外貨準備高：上位1 ～ 10位：2019年末

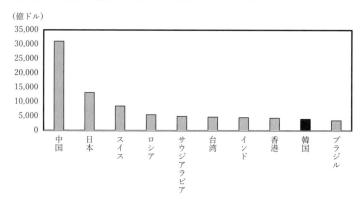

（出所）韓国銀行報道資料「2020年1月末外貨保有高」（2020年2月5日）により作成。

29 経常収支

通貨危機以降は黒字基調

通貨危機以前の経常収支は赤字基調で推移しており 1980 年には GDP の 10.6％にまで拡大しました。経常収支の赤字は 1980 年代前半には外債問題を引き起こし，1997 年の通貨危機の遠因となりました。通貨危機以降は黒字が続いていますが，黒字の大半は貿易収支の黒字です。

　経常収支は，通貨危機以前は赤字基調で推移してきました。1950年代後半は黒字でしたが，これは第二次所得収支の黒字によるものです。具体的にはアメリカなどからの援助であり，援助がなければ経常収支は大赤字でした。

　1970年代から1980年代前半にかけては赤字が大きくなり，1980年には GDP の10.6％にまで拡大しました。これは工業化の基盤整備のため投資を積極的に行ったことで貿易収支が赤字基調で推移したことに加え，増加した外債の利払いで第一次所得収支の赤字も大きくなったことによります。

　1986～1989年は，ウォン安，原油安，金利安のいわゆる3低の時期であり一時的に経常収支が黒字になりましたが，その後，通貨危機までは企業部門の過剰投資により再び赤字基調に戻りました。一般的に経常収支が赤字である場合，投資が貯蓄を上回るか財政収支が赤字となっています。1990年代の貯蓄は決して少なくありませんでしたが，企業の投資がそれを上回りました。

　経常収支の赤字は外国からの債務で埋め合わされましたが，これが1980年代の対外債務問題を引き起こし，1997年の通貨危機の遠因となりました。通貨危機以降は企業の過剰投資が抑制されたため黒字に転じ，その後も一貫して黒字が続いています。

　近年の経常黒字の内訳をみると，貿易収支の黒字が大半を占めており，第一次所得収支は黒字に寄与していません。日本では，近年の経常収支黒字の多くを，直接投資からの配当や債券投資などからの利子などによる第一次所得収支の黒字が占めるようになり，韓国と異なった構造となっています。

通貨危機以降は経常収支黒字が定着

● 日韓の経常収支の対 GDP 比：1953～2019年

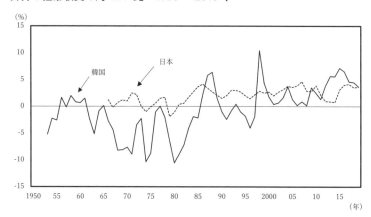

（出所）韓国はキムナクニョンほか（2018b）1143ページおよび韓国銀行データベース，日本は「平成30年度 年次経済財政報告」の長期経済統計，財務省「国際収支状況」，内閣府「国民経済計算」により作成。

経常収支黒字は貿易収支の黒字によって支えられている

● 経常収支の内訳：2005～2019年

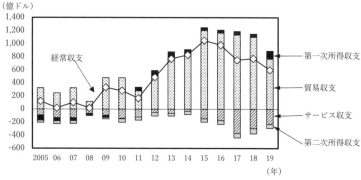

（出所）韓国銀行データベースにより作成。

30 対外債務・対外債権

2000年から純対外債権国に

韓国の対外債務は1980年代前半に対GDP比で40%を超え，南米諸国のように返済が滞り元利償還の繰り延べなど金融支援を受けることが危惧されました。近年は対外債務も対外債権も増加していますが，2000年には対外純資産がプラスとなり，対外純資産は年々拡大しています。

開発途上にある国が工業化の過程で経常収支が赤字になることは広く見られる現象ですが，経常収支の赤字を埋め合わせるため外国から資金が流入すれば対外債務が増加します。

韓国では，1970年代から1980年代にかけて巨額な経常赤字を記録したことから対外債務が増加しました。対外債務残高の対GDP比は，1960年には4.2%でしたが，1980〜85年の間は40%を超える水準にまで高まりました。そして経済規模に対する対外債務の大きさは，1985年にはブラジル，メキシコ，アルゼンチンに次いで4番目になりました。

南米諸国では返済が滞り元利償還の繰り延べなどの金融支援が行われ，韓国も同様の事態に陥ることが危惧されましたが，韓国は対外債務の返済を滞らせることはなく，ウォンが暴落する事態も発生しませんでした。そして1980年代後半には，低金利，ウォン安，原油安（いわゆる「3低」）といった追い風もあり，対外債務が減少しました。

近年は資本移動の自由化もあり対外債務と対外債権がともに増える傾向にありますが，経常収支が継続的に黒字となっていることから対外純資産が拡大しています。対外純資産は2000年末よりプラスに転じ，2019年末には4,806億ドルで，対GDP比で29.3%となっています。

2019年末の対GDP比をみると，対外債権は57.7%，対外債務は28.4%です。ちなみに日本では2018年末の対外債権がGDPの186.1%，対外債務が123.6%であり，韓国よりともに高い数値となっています。

対外債務の対 GDP 比は 1980 年代前半に 40% を超える

● 外債危機収束時までの対外債務の対 GDP 比：1960 ～ 1990 年

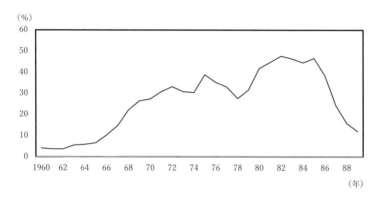

（出所）司空（1994）235 ページなどにより作成。

対外債務に比べ対外債権が増加している

● 対外債権および対外債務の対 GDP 比：1994 年末～ 2019 年末

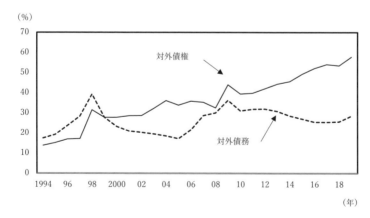

（出所）韓国銀行データベースにより作成。

31 輸出依存度

経済の輸出への依存度は高い

> 　経済の輸出への依存度を GDP に対する輸出の割合でみると，1950 年代は
> ゼロに近い状況でしたが，2019 年には 40％を超えており，長期的に依存度
> が高まっています。依存度をより正確に把握できる TiVA 指標の国内最終需
> 要比率でみると韓国は約 30％であり，日本，アメリカ，EU より高水準です。

　韓国経済は国外の景気の影響を強く受けます。主要な輸出相手国の景気が後
退すれば，輸出が減少することで総需要が減少し，ひいては国内の景気も後退
します。経済が輸出に対して依存すればするほど，国外景気の影響が国内景気
に与える影響が強くなります。

　経済の輸出への依存度を測る指標として，GDP に対する輸出の割合を挙げる
ことが一般的です。割合を長期的にみると，1950年代はゼロに近い状態でした
が，ほぼ一貫して数値が高まり，2019年は42.7％となっています。

　ただし近年，GDP に対する輸出割合は，経済の輸出への依存度を測る指標と
して適当ではなくなっています。GDP 統計の輸出には，国内で生産された付加
価値のみならず海外で生産され輸入された付加価値も入っています。近年は経
済のグローバル化が進み，輸出財の生産過程で，他国で生産された中間財など
が使われることが多くなりました。

　経済が輸出に対してどの程度依存しているのか測るためには，GDP のうち国
外で最終的に需要される部分の比率（国外最終需要比率）をみることが望ましい
のですが，OECD と WTO が共同で作成し2013年から公表を始めた TiVA
(Trade in Value-Added) 指標によりこれが把握できるようになりました。

　現在の最新値である2016年における韓国の国外最終需要比率は29.4％であり，
韓国で生産された付加価値の約3割が海外で需要されていることを意味します。
この数値は，日本，アメリカ，EU（28カ国）と比較して大きく，韓国の経済は
輸出への依存度が高いことがわかります。

GDPに対する輸出の割合はゼロ近くから50%ほどに

● GDPに対する輸出の割合：1953〜2019年

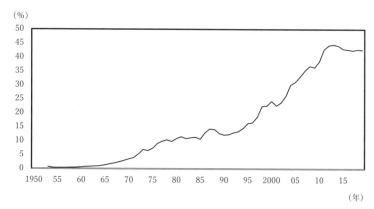

（出所）韓国銀行データベースにより作成。

韓国の国外最終需要比率は高い

● TiVA指標の国外最終需要比率：2016年

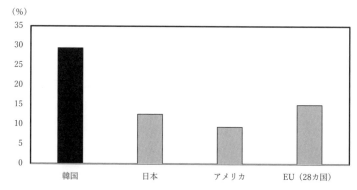

（出所）OECDデータベースにより作成。

32 国別の輸出依存度

輸出先としての重要度は中国がアメリカを抜く

> 　輸出総額に占める国別の輸出額の割合はアメリカが高かったのですが，2003 年に中国に抜かれました。TiVA 指標の国外で最終的に需要される付加価値に占める各国の割合をみても，2009 年には中国がトップとなりました。いずれの指標でも輸出先の重要度は中国がアメリカを抜いています。

　韓国は，経済の輸出への依存度が高く国外の景気の影響を強く受けますが，どの国からの影響が強いのかを測るための指標として，輸入総額に占める国別の輸出額の割合（通関ベース）を挙げることができます。

　この指標をみると，1975 ～ 2002年の間はアメリカの割合が高く，1986年には40％に達しました。また日本もアメリカに次いで高い割合でした。しかし1990年代より日米が低下するなか，中国の割合が上昇を始めました。

　そして中国の割合は，2001年には日本を，2003年にはアメリカを抜き，2010年以降は25％程度を維持しています。一方，アメリカは10％を若干上回る程度に低下し，日本は5％程度となりました。輸出金額では中国の存在感は圧倒的です。

　ただし韓国から中国への輸出は部品など中間財が多く，韓国が輸出した部品が中国で完成品に組み込まれ第三国に輸出されることが少なくありません。この場合の部品の最終消費地は中国ではなく第三国となるため，輸出金額が多くても中国の景気が韓国に影響するとは限りません。どの国の影響が大きいのか正確に測るためには，TiVA 指標の国外で最終的に需要される付加価値（「31. 輸出依存度」66ページ参照）に占める各国の割合をみる必要があります。

　日本，アメリカ，中国，EU の割合をみると，2005年はアメリカが23.2％で一番高かったですが，2009年には中国がトップとなり，2015年には25.3％で独走しています。いずれの指標でみても，輸出先としての重要度は中国がアメリカを抜いており，中国の景気が韓国経済に与える影響は大きいといえます。

輸出金額は2003年に中国がアメリカを抜く

●輸出総額に占める国別の輸出額の割合：1975～2019年

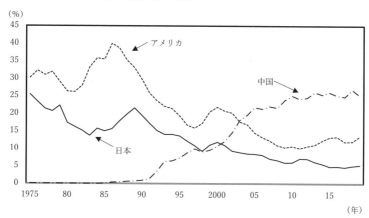

（出所）韓国銀行データベースにより作成。

韓国で生産された付加価値は外国では中国で一番需要が大きい

●国外最終需要全体に占める国別の需要額の割合：2005～2015年

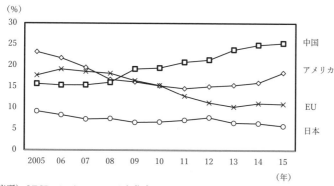

（出所）OECD データベースにより作成。

33 FTA

経済規模で世界の４分の３とFTAを締結

> 韓国はWTOを重視していたためFTAの締結で出遅れましたが，2000年代以降は積極的なFTA戦略を展開しました。アメリカ，中国，EUといった巨大経済圏とFTAを結んでおり，いわゆる「経済領土」は世界全体の４分の３以上です。また韓国が締結したFTAは自由化率が高いことが特徴です。

1990年代において，韓国は日本と同様にWTOを重視しており，FTAの締結には消極的な立場をとってきました。しかし，通貨危機によるショックが一段落した1999年頃からFTAに対して積極的な姿勢に転じていきました。

2004年４月に最初のFTAである韓・チリFTAが締結されました。またチリとのFTAの署名後である2003年８月に，政府はFTAロードマップを策定しました。ここには，短期的には，日本，シンガポール，インド，メキシコ，カナダ，EFTA，ASEAN，中長期的には，アメリカ，中国，EUといった国・地域とFTAを締結する戦略が示されていました。

短期的にFTAを結ぶとした国・地域のうち，日本およびメキシコとは交渉はしたものの妥結に至らず，他の国・地域とはカナダが少し遅れたもののすべてと締結しました。さらに長期的な対象国・地域についても，EUとは2011年，アメリカとは2012年，中国とは2015年にFTAを締結しました。

韓国は自国とFTAを締結した国のGDPを領土に例えます。いわゆる「経済領土」のGDPが世界に占める割合は2010年までは10％未満でした。しかし2011年以降は大きく割合が高まり，2019年には76.7％となりました。経済規模でみれば，韓国は世界の４分の３を超える国・地域とFTAを結んでいます。

韓国のFTAの特徴は自由化率が高いことです。韓国側の自由化率を品目ベースでみると，シンガポール，ASEAN，ベトナム，中国については95％を切っており相対的に低いです。しかし，アメリカとのFTAでは韓国側の自由化率が99.7％であり，EUも99.6％と高水準です。

「経済領土」は世界全体の4分の3を超える

● 韓国のFTA締結国・地域のGDPが全体に占める割合：2004〜2019年

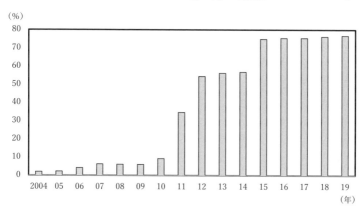

（出所）IMF"World Economic Outlook Database, October 2019"などにより作成。

FTAの韓国側自由化率は総じて高水準

● 各FTAの韓国側自由化率：品目数基準

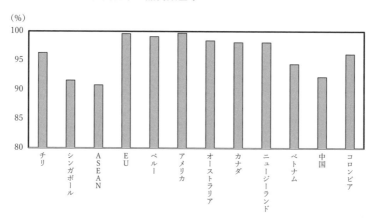

（注）韓・トルコおよび韓・中米FTAは詳細説明資料がないため図から除いた。
（出所）産業通商資源部のウェブサイトより得られる各FTAの詳細説明資料による。

ウォンの取引量は比較的小さい

　韓国は急激な資本流出が発生するリスクを抱いています。さらにウォンの取引額が小さいことから，資本流出が起こるとウォンが大きく下落します。国際決済銀行（BIS）が昨年公表した統計によると，2019年4月におけるすべての通貨取引額は1日当たりの平均で6.6兆ドルです。

　取引割合が一番高い通貨はドルで88.3%，以下，ユーロが32.3%，円が16.8%，ポンドが12.8%，オーストラリアドルが6.8%と続き，ウォンの取引は2.0%を占めるに過ぎません。ウォンの取引額が少ない理由は，韓国域外でのウォンの取引が制限されているからです。

●各通貨取引額の全取引額に占める割合：2019年4月基準

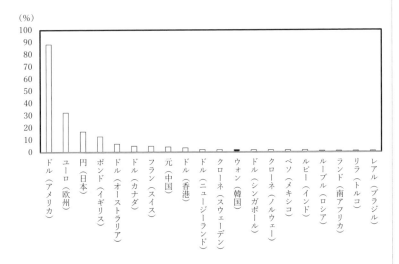

（注）通貨取引には2種類の通貨が絡むため，1つの取引が2つの通貨で計上され，全通貨の取引割合を合計すると200%となる。
（出所）BIS "Triennial Central Bank Survey 2019" により作成。

第**4**章

財政・社会保障

34 統合財政収支

政府の方針は統合財政収支の均衡

> 統合財政収支は 1980 年代前半まで赤字が続いていましたが，政府が行った財政構造改革により 1980 年代後半からは黒字基調に転じました。政府の方針は統合財政の均衡であり，一時的に赤字が発生してもその後しばらく緊縮策を講じることで，短期間で黒字に戻っています。

　韓国では日本のように中央政府の一般会計の財政収支や基礎的財政収支（プライマリーバランス）が注目されることはなく，中央政府と地方政府の一般会計，特別会計，基金の収支を合わせた統合財政収支が注目されます。

　韓国では，成長と開発のために財政支出を拡大させたこともあり，1970年代まで統合財政収支が大きく赤字であり，結果として慢性的な経常収支の赤字と物価の上昇を招きました。そこで財政健全化を進めるため，政府は1980年代初頭からゼロベース予算編成制度など財政構造改革に本格的に着手しました。

　統合財政収支の動きをみると，財政構造改革を行う直前の1981年にはGDPの4.3%に相当する赤字でした。しかし，1987年には統合財政収支は黒字に転じ，その後は赤字に陥った時期もありましたが，総じて見れば黒字基調で推移しています。

　財政に関する政府のスタンスは統合財政収支の均衡です。2004年以降は，本格的な給付に至っておらず，現在のところ大幅な黒字となっている国民年金基金など社会保障基金を除いた収支である管理対象収支を目標としており，ハードルを高めたうえで健全財政の維持を図っています。

　一般政府（中央政府，地方政府，基金）の財政収支は，統合財政収支と政府の範囲などで少し差がありますが，これにより，2018年におけるOECD加盟国の財政収支を国際比較します。一般政府財政収支の対GDP比をみると，赤字の国が多いなか，韓国はノルウェーに次いで2番目に黒字が大きな国となっており，ルクセンブルグがほぼ同じ値で並んでいます。

統合財政収支は1980年代中盤以降に黒字基調で推移

● 統合財政収支および管理対象収支の対 GDP 比：1970 ～ 2019年

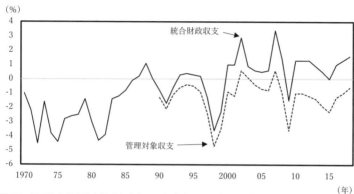

（出所）企画財政部「統合財政収支」により作成。2019年は予算ベース。

一般政府の財政収支は OECD 加盟国のなかで2番目に黒字が大きい

● 一般政府財政収支の対 GDP 比：2018年

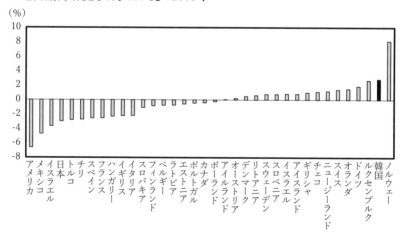

（注）日本，トルコ，チリおよびニュージーランドは2017年の数値。
（出所）OECD データベースにより作成。

35 一般会計歳出

社会保障や債務償還のシェアは小さい

> 　一般会計では通貨危機以降，歳出が税収を上回って推移しています。歳出を分野別に見ると，社会保障や債務償還のシェアが日本と比較して小さくなっています。一方で，教育は制度的な要因，国防は北朝鮮への備えの必要性もありシェアは大きくなっています。

　2020年の国の一般会計の規模（当初予算，総計基準）は357兆ウォン，対GDP比では17.6％です[*]。一般会計の歳出と税収を比較すると，財政構造改革により1980年代中盤以降ほぼ一致して推移しました。しかし，通貨危機以降は歳出が税収を上回る状態が続いています。

　2020年の一般会計歳出を分野別にみると，社会保障が全体の20.3％を占めています。日本の社会保障関係費は34.9％ですので，韓国では社会保障の一般会計に占めるシェアは小さいといえます。韓国は一般会計からの公的年金への繰入金がなく，また公的医療保険への繰入金が小さいことが，社会保障のシェアが小さい要因です。

　さらに債務償還は2.7％と小さいですが，現在は一般会計の債務償還はしておらず利払費のみ支払っていること，一般会計の債務が小さく低金利であるため利払費が少ないことによります（「40. 国家債務」86ページ）。

　一方，教育は20.3％であり，日本の文教および科学振興費が5.4％であることを勘案すれば，大きなシェアを占めています。これは国が教育税で財源を集め地方に配分するといった制度の違いによるものです。国防も14.1％と，日本の防衛費の5.3％より大きいですが，38度線で北朝鮮と対峙していることを考えると当然ともいえます。

---

[*] 韓国の会計年度は1月から12月であり，年度と暦年が一致します。日本と比較する場合，日本は2019年度（2019年4月～2020年3月）の数値で比較しました。また，2020年の名目GDPは政府見通し値を使用しました。

通貨危機以降，一般会計歳出は税収を上回って推移

● 一般会計歳出と税収の対 GDP 比：1970 ～ 2020 年

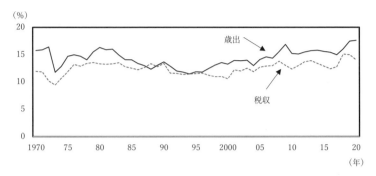

（出所）企画財政部「2020年 国の財政 予算概要」，韓国銀行「国民勘定」などにより作成。

社会保障や債務償還のシェアは小さい

● 一般会計歳出の分野別シェア：2020 年当初予算ベース

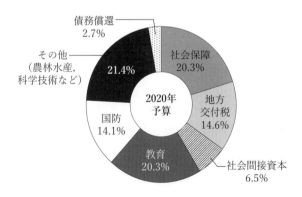

（注）社会保障は社会福祉分野と保健分野を合計したもの。地方交付税と債務償還は一般・地方行政分野に含まれている。

（出所）企画財政部「国の財政」などにより作成。

36 一般会計歳入

歳入の2割弱は国債発行に依存

> 統合財政収支の均衡が財政健全化の目標指標とされていますが，一般会計の収支は均衡しておらず，歳入の2割弱を国債発行によりまかなっています。所得税や法人税は段階的に引き下げられてきましたが，2010年代に入り逆に引き上げられました。付加価値税率は40年以上10%が維持されています。

2020年の一般会計の歳入構造をみると（当初予算，総計基準）で，税収が80%を占め，国債発行が17%です。日本は国債発行に3割以上を依存しており，これと比較すると借金への依存度が低いことがわかります。ただし，統合財政収支の均衡を財政健全化の目標としているなか（34.「統合財政収支」74ページ），一般財政の歳入の2割弱を国債発行でまかなっており，とくに近年は財政規律が緩んでいます。

税収を詳細にみると，所得税は歳入の25%，法人税は18%，付加価値税（日本の消費税に相当）は19%を占めています。所得税は累進課税制度であり，所得に応じて6〜42%の7段階に税率が分かれています。所得には地方税である地方所得税も課せられ0.6〜4.2%の税率です。所得税の最高税率は1975〜1979年には最高70%でしたが，その後は引き下げられ2005年には35%となりました。しかし2012年からは引き上げられ現在は42%です。

法人税も引き下げの歴史をたどっています。法人税は利益の大きさにより税率が異なります。企業の利益には国税である法人税と地方税である地方住民税がかかります。両方を合わせた法人税率は1982年には40.85%でした。さらに企業には防衛税が課されていましたから，法人実効税率は50.34%と高い水準でした。しかしその後は一貫して税率が引き下げられ，2009年以降は24.2%となりました。しかし2018年に引き上げられ現在は27.5%です。

最後に，付加価値税ですが，税率は1977年7月の導入時より10%で維持され続けており，税率変更の議論もなされていません。

一般会計の借金への依存度は日本よりは低い

● 一般会計の歳入構造：2020年当初予算ベース

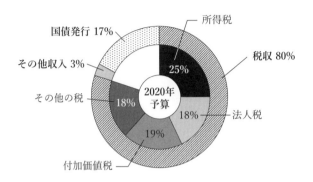

(出所) 企画財政部「国の財政」などにより作成。

法人実効税率は引き下げられてきたが2018年には引き上げられる

● 法人実効税率：1981〜2020年

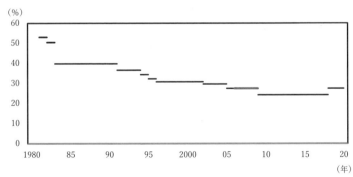

(出所) 韓国法律データベースなどにより作成。

37 特別会計

一般会計に対する割合は大きく下落

> 特別会計の歳出規模は1970年代前半までは一般会計を上回っていましたが，それ以降は下落傾向で推移し，2020年には一般会計の2割程度にまで小さくなりました。また，1970年には29の特別会計が設置されていましたが，2020年には20になっています。

国の財政は大きく，一般会計，特別会計，基金に分かれます。特別会計とは，国が特定の事業を運営する，特定の歳入を特定の歳出に充当するなど，一般会計と区分して会計処理する必要がある場合に設けます。

2020年の特別会計の歳出規模（当初予算，総計基準）は，国の他会計や基金への繰入などすべて加えた総計基準で71兆ウォンです。特別会計のなかで規模が最大なものは道路，鉄道，空港，港湾などの整備を行う交通施設特別会計で，農漁村構造改善特別会計がこれに続きます。

特別会計の歳出の一般会計歳出に対する比率は1970年代前半まで100％を超えていましたが，その後は下落傾向で推移し，1988年には4割を切りました。1990年代以降は上昇に転じ，1999年には8割程度にまで高まりましたが，2000年代に入り再び下落が始まり，2020年には2割程度にとどまっています。

一般会計の2割程度という規模は，特別会計の規模が一般会計の2倍近くとなっている日本とは対照的な姿です。ただし，日本では特別会計から支出されている国債償還や年金支払いなどが，韓国では基金から支出されており（38.「基金」82ページ），これをもって，韓国の特別会計は日本より規模がきわめて小さいと判断するのは早計です。

特別会計の数は1970年には29でしたが，1977年に統合・廃止がなされました。1990年代前半には新設が相次ぎましたが，2007年には再び統合・廃止がなされました。その後，特別会計数は若干増え，2020年には20の特別会計が設置されています。

歳出規模が一般会計を超えた時期もあったが現在は2割程度

● 特別会計歳出の対一般会計歳出比：1962～2020年

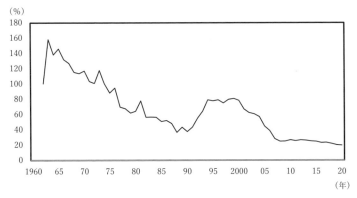

（出所）国会予算政策処データベースにより作成。

特別会計の数はピークよりは減少

● 特別会計数：1960～2020年

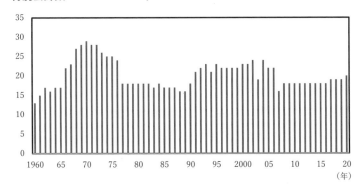

（出所）国会予算政策処データベースにより作成。

38 基　金

資産規模は10年足らずで倍増

> 　一般会計や特別会計とともに国の財政を構成する基金の支出額は総計基準で一般会計の2倍ですが，重複計上や金融性支出を除いた純計基準では一般会計の半分程度となります。基金が保有する資産は2010年末から2018年末の間に倍増しました。

　韓国では基金が，一般会計や特別会計とともに国の財政を構成します。基金は，特定の目的のため特定の資金を弾力的に運営する必要がある場合に設置されます。基金は1961年に設立されて以降増え続け，1993年には81まで増加しました。2002年には55まで減らされましたが，その後増加し，2020年には67基金が設置されています。

　2020年の基金の支出額（予算，総計基準）は724.8兆ウォンと，一般会計の2倍の大きさとなっています。ただし基金の支出額のなかには，一般会計や特別会計との間，基金間相互の重複計上が含まれています。また余裕資金を運用民間金融機関で運用するといった金融性支出も含まれています。

　重複支出や金融性支出などを除いたものが純計基準の支出額ですが，これは161.1兆ウォンであり，総計基準の4分の1以下に圧縮されます。一般会計や特別会計も若干圧縮されますが基金ほどではなく，純計基準では基金は一般会計の半分程度に過ぎなくなります[*]。

　総計基準で支出規模が最大の基金は，公共資金管理基金で基金全体の27.7%を占め，国民年金基金の18.8%，外国為替平衡基金の15.7%が続きます（2019年）。また基金が保有する資産は，2010年末には956兆ウォンでしたが，2018年末には1,806兆ウォンとおおむね倍増しています。なお，国民年金基金と公共資金管理基金の2つの資産で基金全体の7割を占めています（2018年末）。

---

[*] 　本書で用いている「純計基準」は韓国では「総支出基準」とされています。「総支出基準」では「総計基準」と紛らわしいため，本書ではより意味を取りやすい「純計基準」としました。

総計基準では一般会計の倍，純計基準では半分程度

● 総計基準および総支出基準の一般会計，特別会計および基金の規模

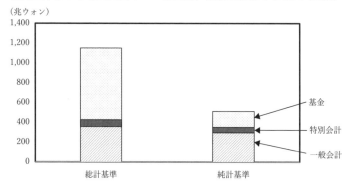

（出所）韓国財政情報院「2020 重要財政統計」により作成。

基金の資産規模は8年間で倍増

● 基金の資産規模：2010 ～ 2018年（年末基準）

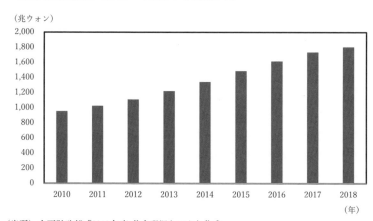

（出所）企画財政部「2019年度 基金現況」により作成。

39 地方財政

自主財源の割合は小さく財源移転が多い

> 地方の租税配分割合は2割程度に過ぎず，租税の配分は地方に薄くなっていますが最終支出の6割ほどは地方が占めています。租税の配分割合が小さいにもかかわらず最終支出額が大きい理由は，国から地方には交付税や補助金を通じて多くの財源移転がなされているからです。

　地方政府は，道，特別市（ソウル），広域市（釜山など），特別自治市（世宗）の広域自治体，市，郡，区の基礎自治体から構成され，地方自治体はそれぞれ財政を運営しています。なお，地方財政は，地方教育財政が別途独立しているという特徴を有しており，教育を除いた財政を「一般地方財政」とし（この用語は正式なものではありませんが，本書では「地方教育財政」を除いていることを明確にするため，「一般地方財政」とします），「地方教育財政」と分けます。

　税収全体に占める地方税の割合をみると，2018年は22.3％であり，1970年の8.3％よりは高まりましたが，4割程度の日本と比較すると租税の配分は国に偏っています。一方，国と地方を合わせた最終支出額に占める割合は，一般地方財政は46.4％，地方教育財政は15.1％で，合計すると6割ほどです。

　租税配分割合が小さいにもかかわらず最終支出額が大きい理由は，国から地方に交付税や補助金を通じて財源が移転されているからです。一般地方財政は，最終支出の42.6％である98.5兆ウォンが国から財源移転（地方交付税が18.8％，国庫補助金が23.8％）されています。ちなみに，地方交付税は国税（関税などを除く内国税）の19.24％が分配されることが決められています。

　地方教育財政には，最終支出の73.1％である55.1兆ウォンの財源が国から移転されており，そのほぼすべてが，内国税の20.79％が分配される教育交付金です。また一般地方財政からの財源移転も，最終支出の16.7％に相当する12.6兆ウォンあり，地方教育財政の財源は大部分が移転によるものです。

地方の租税の配分割合は上昇したものの低水準

● 地方の租税配分割合：1960 〜 2018 年

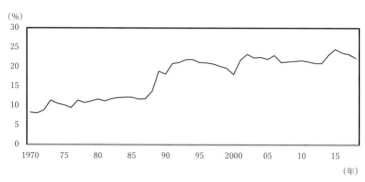

（出所）韓国政府「e- 国の指標」により作成。

国から地方へは多額の財源移転

● 国から地方への財源移転など：2019 年

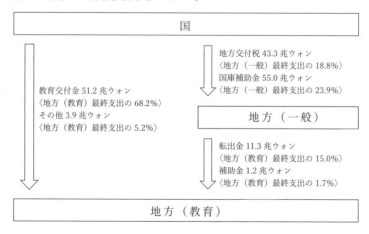

（出所）行政安全部「2019 年度 地方自治団体統合財政概要」により作成。

40 国家債務

増加傾向にあるもののまだ低水準

　国家債務の対 GDP 比は 1990 年中盤には 10％を切る水準でしたが，それ以降ゆるやかに高まり，2020 年には 40.2％となりました。しかし，OECD 加盟国の中では対 GDP 比が低い 5 カ国に入るなどまだ低水準であるといえます。さらに国家債務の 4 割以上は対応する金融資産がある金融性債務です。

　長年均衡財政を堅持してきたことから国家債務は多くありません。2018年の国家債務は791兆ウォンで，対 GDP 比は40.2％です。国家債務の対 GDP 比は1990年代中盤には10％を切っていたことを考えると，最近は増加傾向にあることは否めませんが，OECD 加盟国のなかでも対 GDP 比が低い5カ国に入る水準にとどまっています。

　韓国の国家債務をみる際にはその40.8％に相当する額が，金融資産や貸付債権などの対応資産がある金融性債務であることに留意が必要です。金融性債務には，①外国為替市場の安定のための債務，②低所得者を対象とした住居資金融資などのための債務があります。

　政府は外国為替市場の安定のため為替介入を行いますが，これに必要な資金を調達する目的で債券を発行します。ウォン建て債券を発行した場合，調達資金でドルを購入し，これは外貨準備の政府所有分となります。よって債券に相当する額のドル資産を保有しています。

　また政府は，住宅を購入する低所得層などに対して貸付を行っており，その資金を債券発行により調達しています。よって発行した債券に相当する額の低所得層などに対する貸付債権があります。

　国家債務のうち59.2％が赤字性債務ですが，そのうち9.3％は通貨危機後に金融構造改革を行った際に発行した政府保証債を肩代わりした部分です。財政赤字を補填するために生じた債務は全体の49.9％であり，対 GDP 比では20.1％に過ぎません。

国家債務の対GDP比は徐々に高まっているもののまだ40%程度

● 国家債務の対GDP比：1975〜2020年

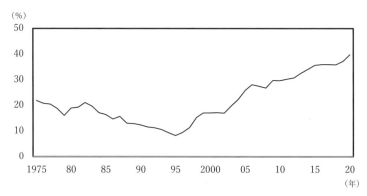

(注) 2018年までは決算基準。2019年は補正予算基準，2020年は当初予算基準。
(出所) 企画財政部資料により作成。

韓国の国家債務の対GDP比はOECD加盟国のなかでは低い

● OECD加盟国の国家債務の対GDP比：2015年

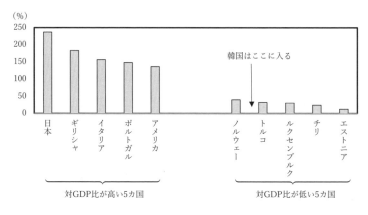

(注) 国家債務に関するOECDのデータには韓国が含まれていない。
(出所) OECDデータベースなどにより作成。

41 国民負担率

上昇傾向にあるもののまだ低水準

> 国民負担率は1953年には5.3%に過ぎませんでした。また1988年に国民年金制度が導入されるまでは社会保障負担はほとんどありませんでした。国民年金の加入対象が増えるとともに国民負担率は上昇しましたが，2017年でもOECD加盟国のなかで低い方から5番目であり，まだ低水準といえます。

　韓国の国民負担率（対GDP比）は長期的にみると徐々に高まっています。まず1971年までは一部の限られた職域を除いて社会保険がなかったため社会保障負担もなく，租税負担率＝国民負担率でした。

　租税負担率（対GDP比）は1953年には5.3%でした。1950年代は歳入の多くを援助が占めており，政府は財政の自立化を目標にし，課税対象を拡大するなど税収の確保に努めました。その結果，租税負担率は1959年には11.7%に高まりましたが，1964年には6.8%に低下するなど税収は安定しませんでした。

　国税庁が設立された1966年からは，徴税体制が強化されたこともあり租税負担率は安定的に高まり，経済改革のため税制支援を行った1972～1974年に一時的に低下したものの，1980年にはおおむね17%に達しました。

　なお1972年には公的健康保険制度が導入され，社会保障負担が課されるようになりました。しかし，当初は加入者が限定されていたため，租税負担率と国民負担率の差は微々たるものでした。

　租税負担率は1990年代後半から若干高まったものの，おおむね安定的に推移しました。一方，社会保障負担率は，1988年に国民年金制度が発足し，その後，加入対象が拡大するとともに高まり，国民負担率も上昇しました。

　2017年における国民負担率は26.6%です。OECD加盟国ではフランスが48.3%で最高であり，ヨーロッパの8カ国が40%を超えています。韓国の国民負担率はヨーロッパ大半の国や日本より低水準であり，全加盟国で下から5番目です。韓国は低負担の国といえるでしょう。

租税負担率および国民負担率は緩やかに上昇

●租税負担率および国民負担率〈対 GDP 比〉1953 ～ 2017年

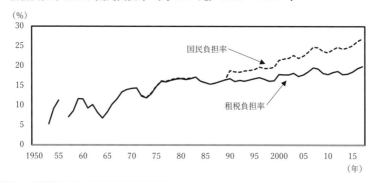

(注) 1. 租税負担率の1956年の数値は示されていない。
    2. 国民負担率は1972 ～ 2017年の数値が示されている。
(出所) 租税負担率は1953 ～ 1989年の数値はアンジョンソク・チェジュンオク (2013)，1990 ～
    2017年の数値は統計庁データベースによる。国民負担率は統計庁データベースによる。

韓国の国民負担率は OECD 加盟国のなかでは低い

●国民負担率〈対 GDP 比〉：2017年

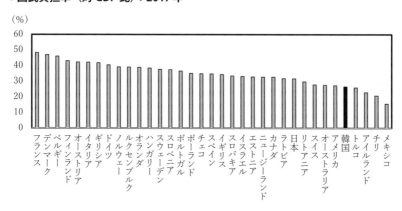

(注) ニュージーランド，オーストラリア，スイスおよびトルコは2016年，チリは2015年の数値。
(出所) 財務省「国民負担率の国際比較 (OECD 加盟35カ国)」により作成。

42 公的年金

2057年には積立金が枯渇する見通し

公的年金制度である国民年金は1988年に発足し，1999年に国民皆年金となりました。国民年金は，一元的，比例報酬，修正賦課方式の採用といった特徴があります。所得代替率は将来的に40％にまで引き下げられます。また現在は増えている積立金は，2057年には枯渇する見通しです。

公的年金制度は1988年に発足しました。しかし，当時は一部の人しか加入できず1999年にようやく国民皆年金となり，日本の1961年と比較して40年近く遅いスタートとなりました。よって年金制度は成熟しておらず，年金支給対象年齢でも年金を支給されていない人の割合が，いまだに多い状況です。

制度の特徴は，公務員年金のように一部職域年金があるものの，原則，国民年金に一元化されており，保険料と年金額は報酬に比例します。一方，日本では自営業などが加入する国民年金，被雇用者が加入する厚生年金（最近までは共済年金も）に分かれており，国民年金は定額負担で定額給付です。また日本と同じく，修正賦課方式が採用されています。

制度発足当初は40年加入した人の所得代替率が70％となるよう設計されましたが，1999年にこれが60％，2008年に50％に引き下げられました。さらに2009〜2028年まで段階的に40％にまで引き下げられ，将来的な所得代替率が50％を上回るとされている日本（財政検証結果）より厳しくなっています。

年金財政の観点からみると，財源は保険料のみに依存しています。年金への公費投入がゼロであり財政に負担をかけない構造になっており，基礎年金の2分の1に相当する額の国費が投入されている日本とは違いが出ています。それでも現在は，高齢化率が高くなく，年金制度も成熟していないため，収入が支出を上回り，積立金が増えている状態です。しかし，現在の9％の保険料率（被雇用者は労使折半）という低い料率が続けば，2042年に収支が逆転して，赤字に転落し，2057年に積立金は底をつくことが見通されています。

年金受給割合は年々高まっているがまだ低水準

● 老齢年金受給対象年齢人口に対する年金受給者割合：2003 ～ 2019年

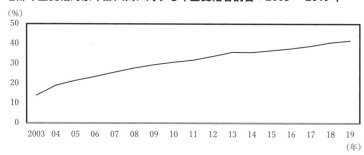

(注) 1. 年金受給者 (老齢年金) は，2019年のみ11月末基準，それ以前は12月末基準。
2. 2012年までは60歳以上人口，2013 ～ 2017年は61歳以上人口，2018年以降は62歳以上人口に対する割合である。
(出所) 国民年金公団 (2020)「国民年金公表統計 (2019年11月末基準)」および統計庁「将来人口推計」(2017年推計) により作成。

2042年に国民年金の収支は2042年に赤字になり2057年に積立金枯渇

● 国民年金の収支および積立金の対 GDP 比見通し：2020 ～ 2060年

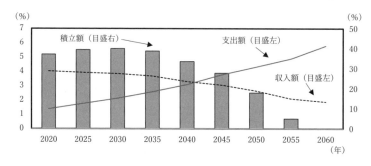

(出所) 国民年金財政推計委員会など (2018)「国民年金長期財政推計，国民年金制度および基金運用計算方向」および国会予算政策処 (2012)「2020 ～ 2060年 長期財政展望および分析」により作成。

43 公的医療保険

医療費の自己負担割合は比較的高い

> 公的医療保険は1989年から国民皆保険となりました。制度は国民健康保険に一元化されています。医療費の自己負担割合は病院の種類によって異なっており，高齢者の負担も抑えられているわけではありません。公費は投入されていますが，医療費の自己負担割合は比較的高くなっています。

公的医療保障制は1977年ですが，当時は常用雇用者が500人以上の事業所の被雇用者が加入するものであり対象は限定されていました。国民皆保険となったのは1989年であり，日本より30年近く遅れて始まりました。

医療保険制度は国民健康保険制度に一元化されています。一方，日本の医療保険制度は，国民健康保険（自営業者など），協会けんぽ（中小企業被雇用者），健康保険組合（大企業の被雇用者），共済組合（公務員）に加え，75歳以上の高齢者が対象の後期高齢者医療制度と多くの制度があります。

医療費の自己負担割合は，病院の種類によって異なります。上級総合病院については診察料の全額とそれ以外の診療費の60％を負担しなければなりませんし，総合病院は都市が50％，地方が45％と高く設定されています。また65歳以上の高齢者については，医院においては医療費が1,200ウォン以下の場合には一定の支払額となりますが，それ以外は64歳以下と同じ負担割合です。これは，病院の種類にかかわらず原則3割負担であり，75歳以上は1割，70〜74歳は2割負担の日本と大きく異なります。

被雇用者の保険料は2020年には所得の6.67％であり，毎年少しずつ引き上げられています。公的年金制度と異なり国民健康保険には，保険料収入の20％に相当する金額の国費が投入されていますが，保険料の80％程度の公費が投入されている日本と比較して公費投入の規模が低く抑えられています。その結果もあり，全体でみた患者本人が負担する自己負担割合は，OECD加盟国のなかで高くなっています。

高度医療を提供できる病院ほど外来の自己負担割合が高い

● 病院の種類および薬局別の自己負担割合

		自己負担割合
病院　外来	上級総合病院	診察料全額＋それ以外の診療費の60％
	総合病院	都市（市区地域）50％　地方（郡地域）45％
	病院	都市（市区地域）40％　地方（郡地域）35％
	医院	30％
病院　入院		総診療費の20％
薬局		30％

（出所）国民健康保険公団のホームページにより作成。

韓国の自己負担割合は OECD 加盟国のなかで高い

● OECD 加盟国の医療費に占める自己負担割合：2017年

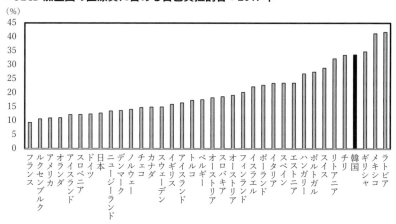

（注）自己負担には民間医療保険による支払額は除かれる。アメリカの自己負担割合は低いが民間
　　医療保険の割合が高い。
（出所）OECD"Health Statistics 2019" により作成。

国家債務は将来的に悪化するのか

　現在では国家債務の対 GDP 比は高くありません。しかし，ベビーブーム世代が順次 65 歳以上になる 2020 年以降，高齢化が急速に進み，社会保障費を中心に財政支出が増加することが避けられません。その結果，国家債務の対 GDP 比は今後高まり，財政の持続可能性が維持できるか懸念されています。

　国会の傘下機関である国会予算政策処は，2 年ごとに 2060 年までの国家債務の見通し値を出していました。これによると，2012 年調査では，2060年の国家債務は GDP の 219％になると見通されていました。その後の推計では比率が下方修正されましたが，2016 年調査で 152％と，財政の持続可能性に疑問符が付く数値が出されていました。

　2018 年推計では，2060 年の見通し値が示されなくなり，2050 年の数値も 85.6％と控えめなものとなっています。ただし，このところ財政の規律が緩んでいるとも考えられるとともに，2050 年代に国民年金の基金が枯渇することが見通されており，決して楽観視できない状況です。

●国会予算政策処による国家債務の対 GDP 比の見通し

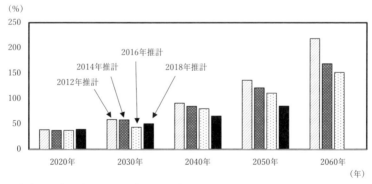

（注）2018 年調査では，2060 年の見通し値を示していない。
（出所）国会予算政策処「長期財政展望」（2012 年，2014 年，2016 年および 2018 年）により作成。

第 **5** 章

金融・物価

44 通貨量

通貨量の代表的指標である M2 の伸び率は低下傾向

> 通貨量を示す指標には M1，M2，Lf がありますが，M2 はかつて金融政策の中間目標に採用されていた重要な指標です。M2 の伸び率は低下傾向で推移しており，2010 年代は平均で 6.4％ となっています。また M2 は GDP の 1.5 倍ほどの大きさです。

　通貨量を示す指標には M1（狭義通貨），M2（広義通貨），Lf（金融機関流動性）があります。M1 は現金通貨＋要求払い預金です。M2 は M1 ＋定期預金＋市場現金性商品（CD など）＋実績配当型金融商品（金銭信託など）などですが，この金融商品からは満期が 2 年以上のものは除かれます。Lf は，M2 ＋満期が 2 年以上の預貯金および金融債＋保険会社の契約準備金などです。

　なかでも M2 はかつて金融政策の中間目標に採用されていた代表的な指標です。M2 の伸び率（前年同月比）の平均は 1990 年代が 20.9％ でしたが，2000 年代には 8.4％，2010 年代には 6.4％ と徐々に低下しています。M2 の伸び率は，物価上昇率，経済成長率によって変化しますが，近年は物価上昇率と経済成長率が低下していることから，M2 の伸び率は低下していると考えられます。

　なお通貨量ではありませんが本源通貨（マネタリーベース）も重要です。本源通貨は，現金と金融機関の韓国銀行への預金を合わせたものです。経済学の理論によれば，本源通貨が増加すると，M2 が一定の倍率（信用乗数あるいは貨幣乗数）で増加します。

　GDP に対する本源通貨と通貨量の割合をみると，本源通貨は 9％，M1 は 46％，M2 は 147％，Lf は 208％ です。日本の本源通貨は 92％，M2 は 185％ であり，M2 は日韓近い数字ですが，本源通貨の割合は日本が圧倒的に大きくなっています。よって信用乗数は日本が 2.0，韓国が 15.7 と大きな差が出ています。要因として，日本では量的緩和政策で本源通貨が急増しましたが，M2 がこれに見合って増えておらず，信用乗数が大きく低下したことが挙げられます。

M2の伸び率は低下傾向

● M2の前年同月比〈平均残高〉：1990年4月～2020年2月

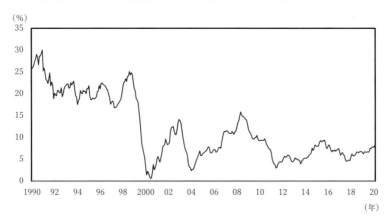

（出所）韓国銀行データベースにより作成。

M2はGDPの1.5倍ほどの大きさ

● 本源通貨と通貨量の対GDP比：2019年末

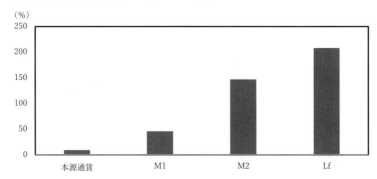

（出所）韓国銀行データベースにより作成。

45 インフレターゲット

1998年に導入され3年ごとに変更される

長年にわたり金融政策の枠組みは量的金融指標を中間目標とする方式でしたが，1998年にはインフレターゲット制が導入されました。2001年以降は3年ごとにインフレターゲットが示されてきましたが，従来の幅を持たせて目標を設定する方法から単一の目標を定める方法に移行しています。

インフレを抑えるなどマクロ経済を安定させる金融政策の中間目標として長い間，量的金融指標が採用されてきました。まず，1957年にはM1の供給限度が定められました。また1966〜86年はIMFとの協定により，中央銀行の純国内資産，本源通貨，金融機関の国内信用などが規制指標とされました。

さらに1976年からは，IMFとの協定とは別にインフレを抑制するための中間目標としてM1，そして1979〜96年はM2が採用されました。しかし，1990年代後半には，M2に含まれる預金とM2に含まれない金融商品間で資金が行き来し，M2の動きが不安定になりました。そこで1997年からは，M2より範囲が広い通貨指標も同時に中間目標として採用されましたが，量的金融指標を目標とする金融政策に代わる制度が検討されるようになりました。

1998年からは物価安定目標制（インフレターゲット制）が導入され，消費者物価指数などの上昇率に目標を設定し，目標を達成するように金融政策を運用する方式に変更されました。1998年は通貨危機後の為替暴落により物価上昇率が高まっていたことから，9±1%が目標とされましたが，2001年以降は3年ごとに，おおむね3%の上下に幅を持たせ目標が設定されました。

2016〜2018年の物価安定目標は2%で幅は設定されませんでした。幅を示すと全体が目標値と受け取られ，韓国銀行（中央銀行）が適正な物価上昇率とする水準が適切に伝わらないことによる変更でした。2019年以降も物価安定目標は2%とされましたが，これまでのように3年間といった期間は明示されませんでした。これは以前より変更の必要が小さくなったからと説明されています。

物価安定目標は幅を持たせて設定されてきたが2016年からは単一目標値に

●物価安定目標および消費者物価指数上昇率：1998年1月〜2020年4月

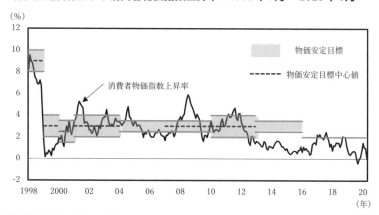

（注）消費者物価上昇率は前年同月比。
（出所）韓国銀行データベースなどにより作成。

インフレターゲットは3年ごとに変更

●インフレターゲットの推移：1998〜2018年

対象期間	物価安定目標	対象指標
1998年	9%±1%	消費者物価指数
1999年	3%±1%	同上
2000年	2.5%±1%	消費者物価コア指数（農産物および石油類除外）
2001〜2003年	3%±1%	同上
2004〜2006年	2.5%〜3.5%	同上
2007〜2009年	3%±0.5%	消費者物価指数
2010〜2012年	3%±1%	同上
2013〜2015年	2.5%〜3.5%	同上
2016〜2018年	2%	同上
2019年〜	2%	同上

（出所）韓国銀行資料により作成。

46 金融政策とコール金利

2008年3月から韓国銀行基準金利に変更

> 金融政策の運用はマネタリーベースなど量的な金融指標で行われましたが，1998年以降は金利を中心になされています。2008年3月には政策金利が従来のコール金利から韓国銀行基準金利に変わりました。金融政策は韓国銀行の金融通貨委員会が決定します。

　1997年までは，金融政策の運用は金利ではなくマネタリーベースなど量的な金融指標で行われてきましが，現在は韓国銀行基準金利の上げ下げにより行っています。韓国銀行基準金利とは韓国銀行が金融機関と取引する時の金利です。具体的には，7日物の買戻あるいは売戻条件付きの証券売買（RP売買）を行う際の金利としています。

　韓国銀行基準金利が政策金利となったのは2008年3月です。以前はコール金利を目標とする方式でしたが，これにより短期資金取引がコール市場に集中しました。そこでコール市場以外の短期金融市場を活性化させるため，韓国銀行は，政策金利をコール金利から韓国銀行基準金利に変更しました。

　ただし韓国銀行基準金利の変更はすぐにコール金利に影響を及ぼします。そしてコール金利を出発点として金融政策が波及していきます。よって韓国銀行もコール金利が韓国銀行基準金利から大きく乖離しないよう短期金融市場における金融調整を行っており，実際にコール金利の乖離もみられません。

　韓国銀行の基準金利は韓国銀行の金融通貨委員会で年8回決定されます。旧韓国銀行法の下では，委員9人のうち政府機関が推薦する委員が5名を占め，韓国銀行は委員を推薦することができませんでした。さらに，財務部長官が委員となり，金融通貨運営委員会の議長となることが定められていました。

　1998年に制定された新韓国銀行法の下では政府の推薦委員は2名に減り，政府機関の長が委員を兼ねることもなくなりました。また，金融通貨委員会の議長も韓国銀行総裁が務めることとなり，中央銀行の独立性が高まりました。

政策金利は景気とともに上下しながらも引き下げられる傾向

● 政策金利：1999年5月〜2020年4月

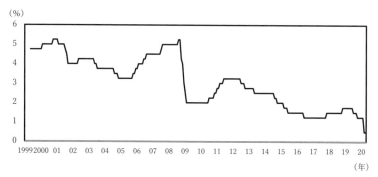

(注) 政策金利は1999年5月から2008年2月まではコール金利の目標値，2008年3月からは韓国銀行基準金利である。

(出所) 韓国銀行ホームページにより作成。

政府推薦委員は5名から2名へ減少

● 新旧韓国銀行法による金融通貨委員の推薦者など

旧韓国銀行法（1950〜1997）年	人数	新韓国銀行法（1998年〜）	人数
★財務部長官（議長）	1	★韓国銀行総裁（議長）	1
★韓国銀行総裁	1	★韓国銀行副総裁	1
経済企画院長官推薦委員	1	企画財政部長官推薦委員	1
農水産部長官推薦委員	2	金融委員会委員長推薦委員	1
商工部長官推薦委員	2	大韓商工会議所会長推薦委員	1
金融機関推薦委員	2	全国銀行連合会会長推薦委員	1
		韓国証券業協会会長推薦委員	1

(注) 1. ★は当て職委員である。なお，新韓国銀行法が施行された1998年から2003年の間は韓国銀行副総裁ではなく，韓国銀行総裁が推薦する者が委員とされていた。

    2. 旧韓国銀行法が上記の推薦者などになったのは1978年からである。

    3. 旧韓国銀行法では「金融通貨委員会」は「金融通貨運営委員会」と称されていた。

(出所) 旧韓国銀行法および新韓国銀行法の条文により作成。

47 公開市場操作と通貨安定債券

公開市場操作は主に通貨安定債券により実施

　韓国銀行は公開市場操作によりコール金利が政策金利から乖離しないように短期金融市場で金融調整を行っています。公開市場操作では，通貨安定債券の売買により資金の回収や供給を行っています。1990年代と比較するとGDPに対する通貨安定債券の発行残高の割合は高まっています。

　韓国銀行はコール金利が政策金利から大きく乖離しないよう短期金融市場における金融調整を行っています (46.「金融政策とコール金利」100ページ)。金融調整は公開市場操作によって行われます。すなわち，コール金利を引き下げる場合には，韓国銀行が債券を市中から買い取って資金を供給し (買いオペ)，逆の場合には債券を売却し資金を回収します (売りオペ)。

　日本やアメリカなどでは，公開市場操作で購入や売却の対象となる債券は主に国公債ですが，韓国では通貨安定債券です。2019年には公開市場操作の89.8%は通貨安定債券により行われました。国公債の売買が主要な手段になっていない理由は，健全財政が続いた結果，通貨危機以前は国公債の流通量が少なく，公開市場で売買対象とする債券としては適当ではなかったからです。

　通貨安定債券の発行残高の対GDP比を長期的にみると，通貨危機以降は高まっています。韓国銀行は通貨危機以降，経常収支が黒字に転じたことで生じたウォン高を抑えるため，ドル買いウォン売り介入を断続的に行いました。その結果，市中にウォンが供給されましたが，コール金利の低下を避けるため，通貨安定債券を発行することで資金の回収を行いました。

　なお通貨安定債券は国家債務に含まれません。通貨安定債を発行すると韓国銀行の発行銀行券がその分減ります。発行銀行券も通貨安定債券もともに韓国銀行の負債です。よって通貨安定債券を発行すれば，債券発行残高は高まる一方で，発行銀行券の残高は減少するため，韓国銀行にとっては負債の構成が変わるだけで負債総額は変わりません。

公開市場操作は主に通貨安定債券の売買を通じて行われる

● 公開市場操作の資金調節方法

		運営方法	対象証券
長期資金調節	回収	長期物通貨安定債券発行	―
	供給	残存満期が長期である通貨安定債券買戻し	―
短期資金調節	回収	RP 売却	韓国銀行が保有する国債，政府保証債，韓国住宅金融公社発行の住宅調達債券
		通貨安定勘定への預け入れ	―
		短期通貨安定債券発行	―
	供給	RP 買入	韓国銀行が保有する国債，政府保証債，通貨安定債券，韓国住宅金融公社が発行する住宅調達債券
		残存期間が短期である通貨安定債券買戻し	―

（出所）韓国銀行（2017）「韓国の通貨政策」の該当部分を翻訳して引用。

通貨安定債券の規模は2000年代以降 GDP の10%台で推移

● 通貨安定債券の発行残高の対 GDP 比：1990年末から2019年末

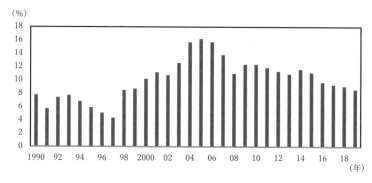

（出所）韓国銀行データベースにより作成。

48 長期金利と国公債利回り

長期金利の指標は３年物国公債利回り

> 通貨危機以前は，３年物社債利回りが長期金利の指標としての役割を担っていましたが，現在は３年物国公債利回りがこの役割を担っています。３年物国公債利回りは，政策金利が引き下げられるとともに大きく低下してきましたが，外国人投資家の動きなどで上昇することもあります。

　長期金利の指標は10年物国債利回りであることが一般的です。しかし韓国では，10年物国債といった満期までの期間が長い国債は，長期保有を目的とする投資家が購入することが多く，流通市場での取引が活発ではありません。よって，流通市場で活発に取引がなされている３年物国公債利回りが，指標金利として利用されています。

　アジア通貨危機以前は，国債の流通量が少なく流動性が低かったことなどの理由から，社債（格付けがAA−であるもの）利回りが指標金利とされてきました。しかし，通貨危機により急激に落ち込んだ景気を下支えするために国公債が大規模に発行され，流通量が増え流動性も高まったことから，国債利回りが長期金利の指標となりました。

　2000年以降の長期金利の動きを３年物国公債利回りでみると，基本的にはコール金利など短期金利の動きに連動しています。韓国銀行は政策金利を基調としては引き下げています。よって３年物国公債利回りは2000年1月の9.28％から2020年4月の1.02％にまで，大きく低下しました。

　外国人が保有する韓国の国公債は増加しており，外国人の保有割合も2019年には16.1％となっています。よって，３年物国公債利回りは外国人投資家の動向によっても左右されます。例えば，アメリカの長期国債が上昇する期待が持たれた場合は利回りが上昇します。また，国際金融市場が不安定になった場合や，韓国経済のリスクが高まった場合には，多くの外国人投資家が韓国の国公債を売却し，利回りが急上昇することもあります。

長期金利は総じて低下傾向で推移

● 3年物国公債および3年物社債（AA −）の利回り：2000年1月〜2020年4月

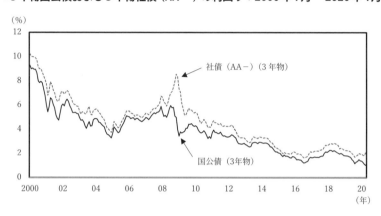

（出所）韓国銀行データベースにより作成。

国公債の外国人保有額は年々増加している

● 外国人の国公債保有額および保有割合：2006〜2019年

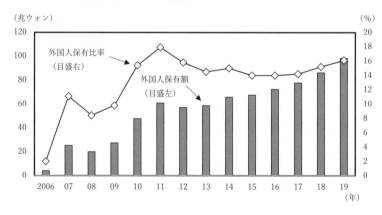

（出所）企画財政部「国債2019」により作成。

49 金融構造改革

不良債権比率は大幅に改善し銀行は整理された

> 金融部門は不良債権問題を抱えていました。通貨危機後に行われた金融構造改革では不良債権の買い取りや資本注入にGDPの30％に相当する公的資金が投入され，不良債権比率は大きく改善しました。また金融構造改革の過程で，銀行が大幅に整理されました。

通貨危機以降の1998年から政府は金融構造改革を行いました。構造改革以前の金融部門は不良債権問題を抱えていました。銀行の不良債権比率は金融構造改革以前にも公表されていました。しかし，国際基準と比較して範囲が限定されていました。そのため，1990年から1997年に公表された不良債権比率は2％以下で推移するなど，見かけ上は低水準にとどまっていました。しかし国際基準を適用した場合の不良債権比率は10％を超えていました。

金融構造改革は，1998年から2002年末にかけて実施されました。金融構造改革に際しては，当時のGDPの3割に相当する159兆ウォンの公的資金が投入され，不良債権の買い取りや資本注入に費やされました。存続不能とされた銀行は他行に吸収される形で退出させられ，条件付きで存続可能とされた銀行は合併や外資導入などを義務づけられました。

さらに健全行も含めて不良債権比率の目標値も定められました。強力な金融構造改革の結果，一般銀行の不良債権比率は2000年以降大きく改善し，2004年末には2％，2006年末には1％を切りました。そして，2018年末の不良債権比率は0.6％にとどまっており，不良債権処理は順調に行われているといえます。なお，日本の不良債権比率は2019年3月末には1.2％です。

金融構造改革の過程で一般銀行の数が大きく減少しました。日本の都市銀行に相当する市中銀行の数は，2017年末で17行でしたが，2015年末には6行となりました。地方銀行は日本と比較してそもそも数が少ないのですが，2017年末の10行が2000年には6行にまで整理されました。

不良債権比率は2000年以降に大きく改善

● 一般銀行の不良債権比率：1990年末〜2018年末

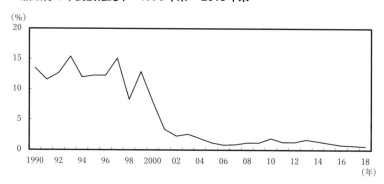

(注) 1. 一般銀行ベース。
　　 2. 不良債権は，1997年以前は要注意以下与信，1898年は無収益与信，1999年以降は FLC
　　　　 基準における固定以下与信とした。1990〜98年末と1999年以降の基準を比べると後者の
　　　　 ほうが厳しい。
(出所) 1997年までは高安 (2005) の15ページ，それ以降は金融監督院「銀行経営統計」などによ
　　　 り作成。

金融構造改革により銀行は大幅に整理

● 市中銀行と地方銀行の数：1996年末〜2018年末

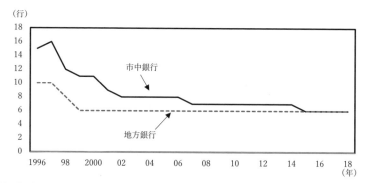

(出所) 金融監督院「銀行経営統計」(各年版) により作成。

50 物　価

1980年代以降はインフレが解消

第二次世界大戦の終結から1957年までハイパーインフレに陥り，その後も1970年代までは政府主導の拡張的な経済政策の結果，インフレが続きました。1980年代以降は金融政策の目標が物価安定に置かれ，インフレが収まりました。現在はOECD加盟国のなかでも物価上昇率が低いといえます。

　物価で最も重要な指標は消費者物価指数です。韓国は第二次世界大戦終了後の1945年から朝鮮戦争の実質的な終結後しばらく経った1957年まで，ハイパーインフレに陥りました（本章コラム「韓国のハイパーインフレと2回のデノミ」114ページ）。1950年代の終わりにハイパーインフレは終息しましたが，1960～70年代においても，消費者物価指数の上昇率（以下，物価上昇率）がおおむね10％を超えるなどインフレであることには変わりはなく，2桁の物価上昇率が続きました。

　このようにインフレが続いた背景には，政府主導による経済成長の基盤整備のため拡張的な経済政策を続けたことがあります。1961～1979年における通貨量（M2）の毎年の増加率は平均で37.4％にも達していました。当時の金融政策の目標は，経済成長に必要な資金を十分に市場に供給することであり，物価の安定は重視されていませんでした。よって第一次石油ショックの際に供給面からのインフレ圧力が高まった時も，インフレ抑制のために金融を引き締めるといった政策はとられませんでした。

　金融政策の目標として物価の安定に重点が置かれたのは1980年代に入ってからです。その結果，インフレは収まり物価は安定しました。韓国の物価上昇率は一貫して日本を上回って推移してきましたが，近年はほぼ同水準となっています。2015～2019年におけるOECD加盟国の物価上昇率の平均値をみると36カ国中30カ国が2％以下の水準にとどまっていますが，韓国は1.1％とOECD加盟国のなかでも低い方といえます。

1980年以降は物価上昇率が安定

● 日韓の消費者物価指数上昇率：1965 〜 2019 年

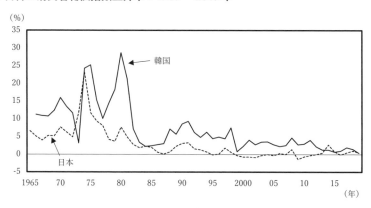

（出所）韓国は韓国銀行データベース，日本は「平成30年度 年次経済財政報告」の長期経済統計
　　　　などにより作成。

2010 年代後半の物価上昇率は OECD 加盟国で低い方

● OECD 加盟国の消費者物価指数上昇率：2015 〜 2019 年の平均値

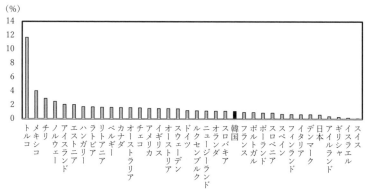

（注）推計時点は 2018 年である。

（出所）IMF "World Economic Outlook Databese" により作成。

51 地　価

地価高騰は政策効果もあり1990年代以降沈静化

> 　1960年代に第一次経済開発5カ年計画が策定されて以降，地価の本格的な高騰が始まり，その後，高騰と鎮静を繰り返しましたが，1990年代以降は安定的に推移しています。ただしアパート価格をみると，2002年から2020年の間に2倍となっており，少しずつ価格は上昇しています。

　1960年代に第一次経済開発5カ年計画が策定されて以降，地価の本格的な高騰が始まりました。第二次産業や第三次産業による土地需要の増加にともない，投機的な売買が発生したこともあり，地価が高騰しました。1967年には土地売買差益に課税する土地投機抑制に関する特別法が制定されましたが，1969年には物価上昇とともに地価が急騰しました。

　1970年代はじめには景気が後退したこともあり地価が落ち着き，不動産景気を浮揚させるため不動産税制が緩和されました。1970年代後半に入り製品輸出や中東における建設需要による景気拡大により再び高騰が始まり，1978年には地価上昇率が全国で50%となり，ソウル市は136%に達しました。1978年には土地取引の許可制などを盛り込んだ地価安定対策が講じられ1980年代までは地価上昇率は低水準で推移しました。

　1980年代後半は，好調な景気や経常収支黒字転換にともない通貨量が膨張したこともあり，再び地価高騰が発生しました。1989年には地価上昇率が32%に達し，その前年である1988年には投機による利益に対する課税強化をはじめ強力な措置をとった結果，1990年代には大きく地価上昇率が低下し，1992～1994年は地価が下落して，それ以降，土地価格は安定して推移しています。

　不動産価格は，国民銀行が毎月公表している住宅価格動向によって速くきめ細かく把握できます。韓国では一戸建てよりマンション（韓国ではアパートと呼ばれます）がポピュラーですが，アパート売買価格指数をみると，2002年から2020年の間に約2倍になっています。

1990年代は以降は地価が安定

● 公示地価の上昇率：1975〜2018年

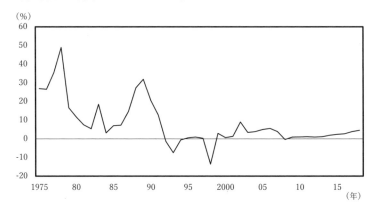

（出所）国土交通部「不動産価格公示に関する年次報告書」（各年号）により作成。

2002年から18年間でアパート売買価格は2倍に

● アパート売買価格指数：1986年1月〜2020年4月

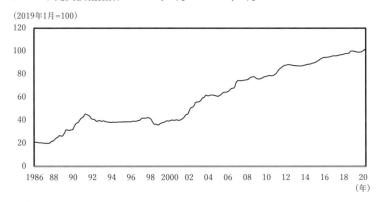

（出所）国民銀行「月間KB住宅価格動向」により作成。

52 株価指数

通貨危機後に暴落したもののその後は着実に上昇

> KOSPIは1994年に1,000ポイントに近づき年平均のピークを付けましたが，通貨危機後の1998年にはその半分以下まで低下しました。しかし，その後は着実に回復し，2,000年代後半からは大きく上昇しました。そして2005年には年平均でも1,000ポイント，2017年には2,000ポイントを超えました。

　株価の動きを示す最も一般的な指標は韓国総合株価指数（KOSPI：Korea Composite Stock Price Index）です。この指数は，韓国取引所の有価証券市場に上場されている株式の時価総額を指数化したものであり，1980年1月4日を100としてある時点の時価総額の大きさを表しています。

　KOSPIの長期的な動きをみると，1980年代前半までは緩やかな伸びにとどまっていました。しかし，1980年代後半はウォン安を背景とした輸出増などにより景気が力強く拡大したことから急上昇を始め，1985年から1989年まで年平均で60％の伸びを記録し，1989年には919ポイントとなりました。

　その後，景気後退にともない一度低下した後，1994年には再び966ポイントまで上昇しましたが，年間平均が1,000ポイントを超えることはありませんでした。1995年以降はまた下落基調となり，1997年末の通貨危機以降は大暴落し，1998年には406ポイントと1987年の水準にまで低下しました。

　1999年以降は景気が急速に回復したことを背景に上昇に転じました。そして2000年代後半以降は，預金金利の低下による資金流入，外国人の投資拡大などにより大きく上昇し，2005年には1,000ポイント，2017年には2,000ポイントを年平均指数でも超えました。

　外国人の株式市場への投資は1992年に制限付きで許容され，その後，徐々に制限が緩められました。そして通貨危機後の1998年にほぼ完全に自由化されました。その結果，株式市場における外国人の位置づけが高まり，2019年末はピーク時より下がったとはいえ，時価総額の38.1％を占めています。

株価指数は2000年代後半以降に1000の天井を抜けて急上昇

●KOSPI：1980〜2019年

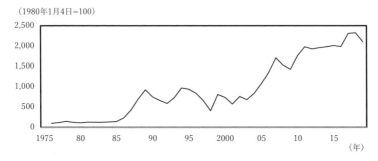

（1980年1月4日=100）

（注）1. 年間の平均指数。
    2. KOSPIは1984年1月4日から算出が始まったが，1975年まで遡及した数値が計算されている。
（出所）1975〜1983年はキムナクニョンほか（2018b）1014ページ，1984年以降は韓国銀行データベースの数値。

時価総額のうち4割近くを外国人投資家が保有

●外国人保有金額と保有比率：2001〜2019年末

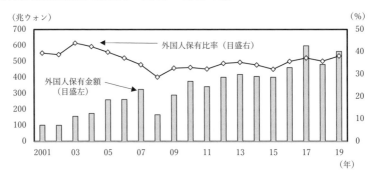

（注）韓国取引所の有価証券市場の時価総額基準。この市場は，日本の東京証券取引所の市場第一部および第二部に相当すると考えられる。
（出所）韓国政府「e-国の指標」により作成。

韓国のハイパーインフレと2回のデノミ

　戦争は多くの場合ハイパーインフレをもたらしますが，韓国も例外ではありませんでした。第二次世界大戦終戦前の1944年から1947年の3年間でソウル市の消費者物価指数は174倍にもなりました。なお日本でも戦後にハイパーインフレが発生しましたが，1950年を待たずに収束しました。しかし韓国のハイパーインフレは朝鮮戦争により再燃したので日本より深刻なものとなりました。

　朝鮮戦争の勃発前の1949年から休戦後数年経った1957年までにソウルの物価は112倍となりました。結局，1944年から1957年までの13年間にソウル市の物価は4万倍となりました。

　なお朝鮮戦争中の1953年2月には，100ウォン（圓）を1ファン（圜）とするデノミ，1962年6月には10ファン（圜）を1ウォンとするデノミを行いました。よって1953年2月以前のウォン（圓）は，1962年6月以降のウォンと比較して読み方は同じでも1000分の1の価値しかありません。

●ソウル市の消費者物価指数：1907〜2015年

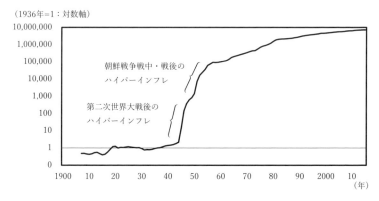

（出所）キムナクニョンほか（2018a）798-799，801ページにより作成。

第**6**章

生活・社会

53 所得格差

所得格差は大きいわけではない

> ジニ係数によれば，韓国は OECD 加盟国のなかで，それほど所得格差が
> 大きいわけではありません。また 1990 年代から 2000 年代にかけて所得格
> 差は緩やかに高まってきましたが，2010 年代に入り，所得格差は縮小して
> いると考えられます。

　所得格差を測るための尺度としてはジニ係数を使うことが一般的です。ジニ
係数はゼロから1までの値をとり，0に近づくほど平等で，1に近づくほど不平
等なことを意味します。

　世帯の可処分所得のジニ係数から OECD 加盟国の所得格差を国際比較しま
しょう。2016年の数値は，韓国が0.355であり36カ国のなかで，高い方から数
えて6位です。順位からだけみるとは韓国は所得格差が大きな国という印象を
受けますが，韓国も含めた6位以下の国のジニ係数には大きな差がなく，いわゆ
る団子状態で分布しています。

　韓国より順位が2つ高いアメリカと韓国のジニ係数の差は0.036ポイントです
が，この差は大きくなっています。仮に韓国のジニ係数が0.036ポイント下がれ
ば，順位は17位まで下がります。OECD 加盟国のジニ係数の平均値やばらつき
の程度を示す標準偏差から判断するならば，メキシコとチリは所得格差が大き
な国，トルコ，アメリカ，リトアニアは所得格差がそこそこ大きな国であり，韓
国の所得格差はそれほど大きくないということができます。

　韓国におけるジニ係数の動きを「家計動向調査」で把握した所得からみると，
1990年代から2000年代にかけて緩やかに高まりました。なお2016年からジニ
係数を算出する所得を把握する統計が「家計動向調査」から，「家計金融・福祉
調査」に変更されました。さらに，可処分所得から私的移転（家族間の仕送りなど）
が除かれました。この新しい基準でのジニ係数から判断すれば，2010年代に入
り所得格差は縮小しています。

OECD 加盟国のなかでは格差がすごく大きな国とまではいえない

● OECD 加盟国のジニ係数〈等価可処分所得〉：2016年

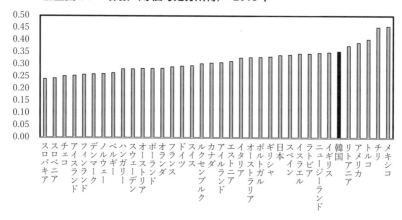

（注）チリ，アイスランド，日本，スイスおよびトルコは2015年，ニュージーランドは2014年の
　　数値。
（出所）OECDデータベースにより作成。

2010年代はジニ係数が低下してきた

● 韓国のジニ係数〈等価可処分所得〉：1990〜2019年

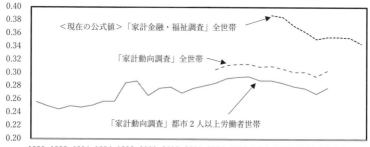

（注）「家計動向調査」の全世帯の数値は2006年から，「家計金融・福祉調査」の数値は2011年か
　　ら公表されている。「家計動向調査」の数値は2016年で公表終了。
（出所）統計庁「家計動向調査」および「家計金融・福祉調査」により作成。

54 高齢者の所得源
働かないと生活ができない

> 公的年金を受給していない，あるいは金額がとても低い高齢者が多いことから，韓国では高齢者の所得に占める年金など公的移転の割合は低水準にとどまっています。働きつづけないと生活ができないため，所得に占める労働所得や事業所得の割合は6割を超えています。

　韓国では公的年金制度が成熟しておらず（「42. 公的年金」90ページ），公的年金を受給していない高齢者，受給していても金額がきわめて少ない高齢者が多い状況です。OECD加盟国について，65歳以上の高齢者の所得に占める公的移転の割合を見ると，2016年の数値では，ベルギー，ルクセンブルク，フィンランド，オーストリアでは80%を超え，6割以上の国で50%を上回っていますが，韓国は25.0%と低水準にとどまっています。そして韓国より割合が低い国は，チリ，トルコ，メキシコの3カ国だけです。

　また，2019年における世帯主が60歳以上の世帯の所得構成を見ると，雇用されることで得る所得である労働所得が42.1%，自営業などで得る所得である事業所得が19.4%であり，働くことを通じて得る所得が6割を超えています。これに対して，公的移転所得は20.5%に過ぎません。働くことで得る所得の割合が高い理由は，高齢者になっても十分に稼ぐことができるからではなく，年金など公的移転の水準が低く，働き続けないと生活ができないからです。

　これに関連する数字として，高齢世帯の相対的貧困率，すなわち中位所得の50%以下の世帯の割合の高さがあります。韓国の世帯主が65歳以上の世帯の相対的貧困率は2017年で43.8%であり，OECD加盟国で最高値です。OECD加盟国で40%を超えているのは韓国のほかにはなく，30%台もエストニアとラトビアの2カ国だけです。ちなみに日本は19.6%ですが，これでもOECD加盟国で高い方に位置します。韓国の高齢者の生活が厳しいことがうかがえます。

韓国の高齢者の所得に占める公的移転の割合は低水準

● OECD 加盟国における高齢者の所得に占める公的移転の割合：2016年

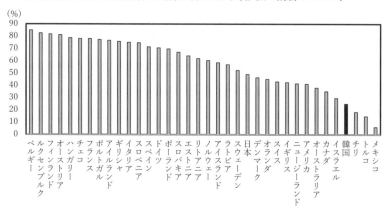

(注) 高齢者とは65歳以上を示す。
(出所) OECD"Pension at a Glance 2019" により作成。

高齢者は6割以上の所得を働くことで得ている

● 世帯主が60歳以上の世帯の所得構成：2019年

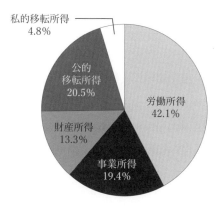

(出所) 統計庁「家計金融福祉調査」により作成。

55 自殺死亡率

高齢者を中心に自殺死亡率は高い

> 韓国の自殺死亡率は OECD 加盟国で最高となっています。日本は韓国より自殺死亡率が高い状態が続いていましたが，2008 年以降は韓国が上回っています。年齢階級別には，70 歳代の自殺死亡率が突出していますが，その背景には高齢者の経済的困窮があるようです。

　OECD 加盟国の自殺死亡率（人口10万人当たりの自殺者数）をみると，韓国は2016年で24.6と最も高い国となっています。日本と比較すると，1990年代初頭には，日本の自殺死亡率は韓国の2倍ほど高かったのですが，その後は差が縮小していき，2008年には韓国が上回っています。

　韓国では，1990年代中盤から自殺死亡率が高まり，1998年には通貨危機後の景気悪化もあり高まりました。その後はいったん低下したものの，2000年以降は再び急激に高まり，リーマンショック直後の2009年には30を超えました。2010年代に入り下落に転じ，2012年には30を切りましたが，それでも OECD 加盟国で最高の自殺死亡率となっています。

　2018年の自殺死亡率を年齢階級別にみると，10歳代と20歳代は日本とそれほど差がありません。しかし30歳代から韓国が明確に上回るようになり，60歳代では韓国が日本の1.8倍，70歳代では2.7倍と大きく差がついています。韓国では70歳代の自殺死亡率が約50であり，他の年齢層と比較して突出して高くなっています。

　70歳代の自殺死亡率は1990年代には13.0でしたが，2000年には39.5となり，2010年には83.4と大きく高まりました。韓国では年金制度が未だ成熟していないなか，従来は子が仕送りで高齢の親の生計を支えていました。しかし高齢者を私的に支えてきた世代の生活が雇用の流動化や教育費負担で厳しくなってきました。高齢者の自殺死亡率が高まった背景には，子からの支援が期待できなくなり経済的に困窮する者が増えたこともあるようです。

2008年以降，韓国の自殺死亡率は日本を上回る

● 日韓の自殺死亡率〈日韓の人口10万人当たり自殺者数〉: 1978〜2019年

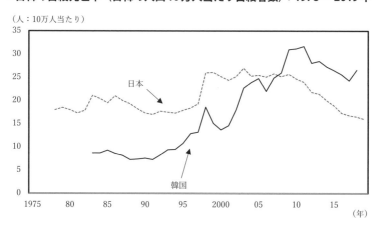

（注）韓国の数値は1983〜2018年のものである。
（出所）日本は厚生労働省および警察庁資料，韓国は統計庁データベースにより作成。

韓国は高齢者の自殺死亡率が高い

● 日韓の年齢階級別人口10万人当たり自殺死亡率: 2018年

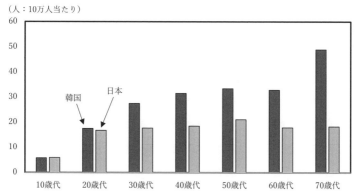

（出所）日本は厚生労働省および警察庁資料，韓国は統計庁データベースにより作成。

56 大学進学率

70%程度が大学に進学

　韓国の大学進学率は70%程度であり，OECD加盟国で最高となっています。1990年代前半は30%に満たない程度であった大学進学率が急激に高まったわけですが，その要因として，世帯の経済力の高まり，少子化，大学入学定員の自由化を挙げることができます。

　2018年におけるOECD加盟国の大学進学率を25～34歳の高等教育修了率からみると，韓国は69.6%であり一番高くなっていますが，ここまで進学率が高くなったのは最近です。高等教育機関就学率の推移を見ると，2000年代後半以降は70%程度で安定的に推移していますが，1990年前半までは30%に満たない状況であり，1990年代中盤以降に高まりました。

　大学進学率が高まった要因として，まず教育の需要側の要因，すなわち，世帯の経済力の高まりと出生率の急激な低下を挙げることができます。韓国ではホワイトカラーとしての就職が好まれ，希望する就職に有利な大卒の資格を得たいという願望は高かったと考えられますが，大学に進学する希望を長年にわたり阻んでいた制約条件が経済力です。しかし，高度成長が続き世帯の収入が高まった一方，世帯当たりの子供数は減少し，子供を大学に進学させるための経済的なハードルが下がりました。

　供給側の要因は，大学入学定員の増加です。政府は大学教育の質を確保するため1990年代中盤まで大学の入学定員を厳格に管理してきました。これは大学受験競争の激化を招いたため，1990年に入り入学定員の自由化を進め，1996年以降は一定の要件を満たしていれば大学設置を許可するようになりました。

　現在は，少子化により大学進学希望者数が減少していることから，大学さえ選ばなければ入学は容易となっています。しかし，韓国では日本以上に大学の序列化が進んでいます。大学に進学しただけで将来が約束されるわけではないので，受験競争は熾烈なまま変わりません。

25～34歳の高等教育修了率はOECD加盟国で最高

● OECD加盟国の25～34歳の高等教育修了率：2018年

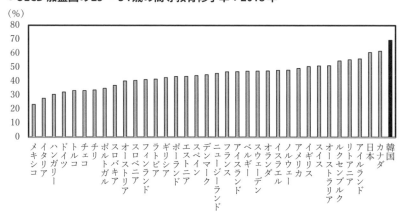

(注) チリ，オーストリア，イスラエルは2017年の数値。
(出所) OECDデータベースにより作成。

高等教育機関就学率は2000年代後半以降7割程度で推移

● 高校就学率および高等教育機関就学率：1980～2019年

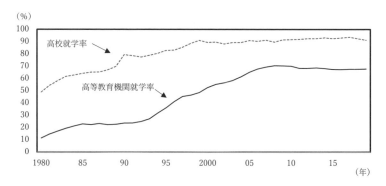

(注) 就学率は，韓国教育開発院「教育基本調査」の学生数と統計庁「推計人口」により算出され
　　 たものである。
(出所) 韓国政府「e-国の指標」により作成。

57 塾や習い事の費用

塾や習い事にお金がかかる

> 日韓で塾や習い事にかかる費用を比較すると，韓国では日本より費用がかかる結果となっています。韓国では高校まで教育が平準化されており，自分にあったレベルの授業を受けるためには塾は欠かせません。よって，学校・学年が上がるごとに一般教科を習う塾にかかる費用に重点が移ります。

　韓国では教育費，とくに塾や習い事に費用がかかることが問題視されてきました。統計庁の「小中高 私教育費調査結果」によれば，2019年の塾や習い事などにかかる費用（韓国では「私教育費」と呼ばれます）は，毎月の平均値で小学校は29万ウォン（2019年の為替レートで換算すると約2万7,000円），中学校で34万ウォン（同約3万2,000円），高校で37万ウォン（同3万4,000円）となっています。

　韓国の塾や習い事にかかる費用を年間の費用に換算して，これを日本の2019年の数値，すなわち，文部科学省の「平成30年度子供の学習費調査の結果について」の数値と比較してみましょう。まず小学校を見ると，韓国は日本の公立を上回っていますが，私立は日本が大きく上回っています。日本の私立小学校の数値が高い理由は，私立小学校に行く者が少なく，その親が経済的に恵まれていることであると考えられます。

　中学校は，韓国における費用が日本より若干高い程度ですが，高校になると日韓の差がかなり大きくなっています。このように，塾や習い事の費用を日韓比較すれば，例外はあるものの韓国の方が日本より負担が大きいことがわかります。

　また学校・学年が進むごとに塾や習い事の費用は，音楽，美術，趣味・教養といった習い事にかかる費用から，国語，英語，数学といった一般教科を学ぶ塾にかかる費用に重点が移ります。この理由は，韓国では高校まで学校が平準化されているため，より高度な内容を学びたい者には塾で教科を学ぶ必要が高まっていくからと考えられます。

とくに高校で韓国の塾や習い事の費用が高い

● 日韓の塾や習い事の費用（年間）: 2019年

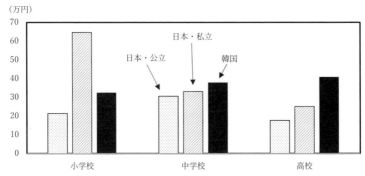

（出所）韓国は統計庁「2019年 小中高 私教育費調査結果」, 日本は文部科学省「平成30年度子供の学習費調査の結果について」により作成。

学校・学年が進むとともに一般教科の塾代が多くを占めるようになる

● 学校・学年別の塾や習い事の費用の内訳: 2019年

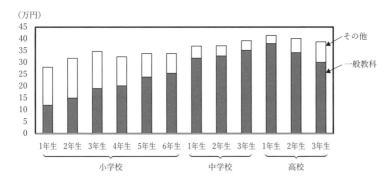

（注）1. 1年間の塾や習い事の費用を日本円に換算した金額。
　　　2. 一般教科は国語, 英語, 数学など教科にかかる塾費用であり, その他は音楽, 芸術, 体育, 趣味・教養といった習い事にかかる費用である。
（出所）統計庁「2019年 小中高 私教育費調査結果」により作成。

58 家計負債は増加

2000年代に入り家計負債は急速に増加

家計負債は2000年代に入り急速に増加し始めました。そして近年は，家計負債の対GDP比は日米などのG7諸国より高くなっています。家計負債が増加した要因としては，金融機関の資金供給が積極化した点，金利が低下した点が挙げられます。

韓国では家計負債の増加が問題になっています。韓国銀行の家計信用動向から家計信用残高をみると，2004年には494兆ウォンであったものが，2019年には1,600兆ウォンとなり，15年間で3倍以上にも増加しています。

韓国銀行が公表している「資金循環」から家計負債を見ると，1994年，1999年の対GDP比は，それぞれ，49.6％，49.5％と，5年間でほとんど変化はありませんでした。しかし，2000年代に入ってから上昇し始め，2019年には97.9％にまで高まりました。2018年10〜12月の家計負債の対GDP比を国際比較すると，韓国は日本，アメリカ，イギリス，ドイツ，フランスといったG7諸国の多くより高い水準となっています。

2000年代以降に家計負債が増えた理由のひとつとして，金融機関の家計部門への融資態度の変化が挙げられます。通貨危機以前は，企業部門の投資が積極的であり，金融機関もこれに応じる形で企業部門に資金を供給してきました。しかしながら，1997年末に発生した通貨危機を契機に企業部門は投資に慎重となり，金融機関は家計部門への融資を積極化するようになりました。

加えて家計部門の資金需要が金利の低下により高まりました。1996年の家計向け貸出金利の平均値は12.3％でしたが，2000年には10％，2013年には5％を切るなど低下傾向で推移し，2019年は3.2％にまで下がっています。低金利により家計部門は資金を借りやすくなり資金需要が増加しました。韓国の家計貸出は3年以下といった比較的短期間で借り換える形のものが多く，金利が上昇した場合，利子負担が高まり返済不能に陥るリスクがあるといえます。

2004年の494兆ウォンから2019年には1,600兆ウォンに

● 家計信用残高：2004〜2019年

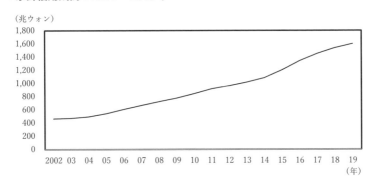

（出所）韓国政府「e-国の指標」により作成。

家計負債の対 GDP 比は日米などの G7 諸国より高い

● 各国の家計負債の対 GDP 比：2018年10〜12月期

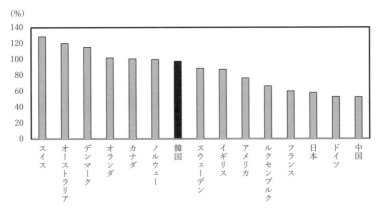

（出所）ユンビョンウ（2019）68ページにより作成。

59 首都圏一極集中

首都圏に人口の半分が集中

　首都圏への人口集中度は1960年には20％程度でしたが，1960年代以降の工業化にともない農村地域から首都圏を中心とした都市地域への人口流入が増加し集中度が高まりました。2018年には首都圏集中度が49.8％に達し，首都圏一極集中が深刻化しています。

　首都圏とは，ソウル特別市，仁川広域市および京畿道の3つの広域自治体を指します。ちなみに仁川広域市は1981年6月までは京畿道仁川市として基礎自治体でしたが，7月より仁川直轄市として広域自治体に昇格し，1995年に仁川広域市と改称されました。2018年の全人口に占める首都圏人口の割合（以下，「首都圏集中度」とします）は49.8％でしたが，同じ年の日本の首都圏（東京都，神奈川県，埼玉県，千葉県）集中度を見ると28.9％であり，韓国の首都圏一極集中が深刻であることがわかります。

　昔から首都圏にこれほど人口が集中していたわけではありません。1949年の首都圏集中度は20.7％でしたが，1960年も20.8％とこの間は首都圏の人口は全体の2割程度にとどまっていました。しかしながら，1960年代から工業化が急速に進み，仕事がない農村部から首都圏を中心とする都市部へ人口が大きく移動するようになりました。

　1990年代に入りようやく首都圏への人口移動が落ち着き始めました。1970年代から1980年代にかけては毎年の平均で約35万人が首都圏へ移動していましたが，1990年代と2000年代は12万人ほどに減少し，2010年代は一時的に純流出に転じ，平均しても1万人を超える程度まで落ち込みました。そして首都圏集中度も1990年の42.8％からは上昇のペースが緩やかになりました。

　人口の半分近くが首都圏に集中するといった事態を受けて，2012年に世宗特別自治市を設置し，中央官庁のほとんどを順次移すといった首都機能の一部移転を行いました。しかし首都圏一極集中解消といった効果は出ていません。

128

2018年には人口の半分が首都圏に集中

● 首都圏集中度：1949～2018年

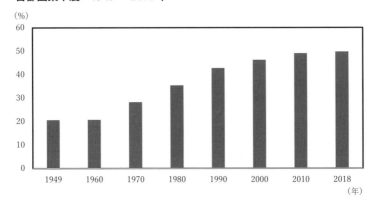

（出所）統計庁「人口総調査」により作成。

1990年代以降に首都圏への人口流入は落ち着いてきた

● 首都圏の人口純流入数：1970～2019年

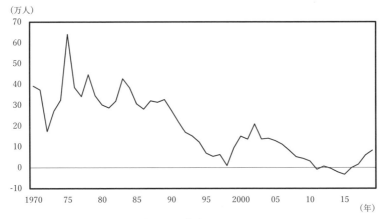

（出所）統計庁「国内人口移動統計」により作成。

60 女性の社会進出

女性の社会進出が進むも国際比較では遜色あり

近年は女性の社会進出が進んできています。国会議員，課長級以上の国家公務員，法曹，企業の管理職のどれをみても，女性比率が顕著に高まっています。ただし，世界フォーラムが公表しているジェンダー・ギャップ指数はいまだに低く，社会進出における男女平等は進んでいるとはいえません。

　韓国は女性の社会進出が遅れていると言われてきました。ただし近年は少しずつ女性の社会進出が進んでいます。国会議員の女性比率をみると，選挙ごとに高まっており，2020年4月に行われた総選挙では300の議席のうち57を占め，女性比率は19.0％でした。ちなみに比例代表選挙の各政党の候補者は奇数を女性にすることが義務づけられており，結果として半数以上が女性となります。なお，日本では2019年12月1日現在で衆議院の女性比率が9.9％，参議院が22.9％であり，合計すると14.4％と韓国より低くなっています。

　また課長級以上の国家公務員の女性比率は2008年には5.6％でしたが，2018年には16.9％に高まり，法曹（判事，検事，弁護士）も2008年の10.4％から2018年には28.7％とやはり高まっています。日本の2019年の数値を見ると，課室長以上の公務員の女性比率は5.2％，法曹の女性比率は17.3％です。

　企業に目を転じると，常用雇用が500人以上である民間企業の管理職の女性割合は，2006年には11.2％でしたが2018年には21.5％に高まりました。また公共機関は2006年の6.4％から2018年の17.3％へとやはり高まっています。

　世界経済フォーラム（World Economic Forum）は，経済，政治，教育，健康の4つの分野のデータにおける女性進出の不平等度を測る指標であるジェンダー・ギャップ指数（Gender Gap Index：GGI）を公表しています。2020年の韓国の総合スコアは0.672であり153カ国中108位と下位に位置されています。この数値は日本の数値（0.652で121位）よりは高いですが，世界のなかではまだ女性進出が進んでいないといえます。

国会議員の女性比率は2000年代から高まる

●国会議員の女性比率：1992〜2020年

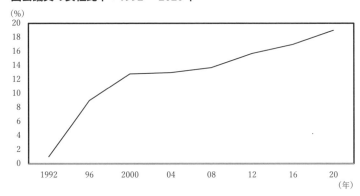

（出所）統計庁・女性家族部「2019 統計で見る女性の人生」により作成。

民間企業や公共機関の管理職の女性比率も着実に上昇

●民間企業と公共機関の管理職の女性比率：2006〜2018年

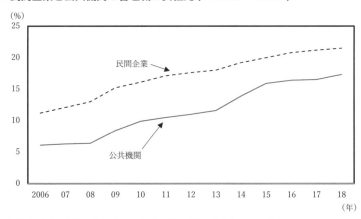

（出所）統計庁・女性家族部「2019 統計で見る女性の人生」により作成。

大学も首都圏一極集中

　韓国では人口の首都圏一極化が進んでいますが，大学は人口以上に首都
圏に一極集中しています。入学に必要な大学就学能力試験の点数などによ
る大学のランキング（文系）をみると，ソウル大学を筆頭に，高麗（コリョ）
大学，延世大学（ヨンセ）が続いています。これら3校はアルファベットの
頭文字をとってSKY（スカイ）と呼ばれています。

　そして上位20位までをみると，ソウル市にある大学が16校，首都圏で
ある仁川広域市と京畿道まで入れると18校に達しています。そして首都圏
以外に所在する大学は大邱広域市にある慶北（キョンブク）大学と釜山広域
市にある釜山（プサン）大学の2校のみであり，いずれも10位には入って
いません。

●韓国の大学ランキング（文系）

	大学名	国公私立の別	所在地
1	ソウル大学	国立	ソウル市
2	高麗（コリョ）大学	私立	ソウル市
3	延世（ヨンセ）大学	私立	ソウル市
4	西江（ソガン）大学	私立	ソウル市
5	成均館（ソンギュンガン）大学	私立	ソウル市
6	中央（チュンアン）大学	私立	ソウル市
7	韓陽（ハニャン）大学	私立	ソウル市
8	ソウル市立大学	公立	ソウル市
9	梨花女子（イファヨジャ）大学	私立	ソウル市
10	韓国外国語大学	私立	ソウル市

（出所）高安（2012）246-248ページの大学ランキングに関する記述の元となっ
　　　たデータ（「2011年大成学院大学入試資料集」により作成）による。

参考文献

〈英語文献〉

Kim, S., S.H. Kim and Y. Wang (2001) "Capital Account Liberalization and Macroeconomic Performance: The Case of Korea," Korea Institute for International Economic Policy.

〈日本語文献〉

金裕盛 (2001)『韓国労働法の展開』信山社.

司空壹 (渡辺利夫監訳, 宇山博訳) (1994)『韓国経済新時代の構図』東洋経済新報社.

高安雄一 (2005)『韓国の構造改革』NTT 出版.

高安雄一 (2012)『隣の国の真実 韓国・北朝鮮篇』日経 BP 社.

高安雄一 (2017)「IMF による金融支援の限界と日韓金融協力」(安倍誠・金都亨編『日韓関係史1965-2015 II経済』東京大学出版会), 225-249ページ.

〈韓国語文献〉

アンジョンソク・チェジンオク (2013)「租税・国民負担率と租税体系決定要因に関する研究」韓国租税政策研究院.

キムナクニョンほか (2018a)『韓国の長期統計 I』.

キムナクニョンほか (2018b)『韓国の長期統計 II』.

キムビョンヨン (2008)「北朝鮮の国民所得：推計値と評価」(韓国輸出入銀行『輸銀北朝鮮経済』第5巻第3号), 19-42ページ.

キムユソン (2008)『韓国の労働組合組織研究―組織員数 (組織率) の分析を中心に』韓国労働研究院.

シンインソク (1998)『90年代為替政策と外国為替取引の自由化政策分析―通貨危機の政策的原因と教訓』韓国開発研究院.

シンソッカ (2015)「韓国の長期経済成長率と関連政策の現況と示唆点」(韓国経済学会『韓国経済フォーラム』第8巻第2号), 21-32ページ.

チャンヒョンス・ワンユンジョン (1998)『IMF 体制下の韓国経済 総合深層報告 I』対外経済政策研究院.

労働部 (2005)『05年 経済活動人口付加調査結果分析』.

労働部 (2006)『労働政策史 第2篇 労働市場政策』.

ユンビョンウ (2019)「韓国の家計負債水準と負債世帯特性」(統計庁『KOSTAT 統計』2019年夏号), 66-73ページ.

【著者紹介】

高安　雄一（たかやす・ゆういち）

大東文化大学経済学部教授

1966 年広島県生まれ。

1990 年一橋大学商学部卒，2010 年九州大学経済学府博士後期課程単位修得満期退学。博士（経済学）。

1990 年経済企画庁（現内閣府）に入庁。調査局，人事院長期在外研究員（ケルン大学），在大韓民国日本国大使館一等書記官，国民生活局総務課調査室長，筑波大学システム情報工学研究科准教授などを経て，2013 年より現職。著書に『韓国の構造改革』（2005 年：NTT 出版），『隣の国の真実　韓国・北朝鮮篇』（2012 年：日経 BP 社），『韓国の社会保障』（2014 年：学文社），『やってみよう景気判断』（2016 年：学文社）などがある。

解説　韓国経済

2020年 9 月30日　第一版第一刷発行

著者　高安　雄一

発行者　田中　千津子

発行所　株式会社 学文社

〒153-0064 東京都目黒区下目黒3-6-1
電話　03 (3715) 1501 (代)
F A X　03 (3715) 2012
https://www.gakubunsha.com

©Yuichi TAKAYASU 2020　　Printed in Japan

印刷所　新灯印刷

ISBN 978-4-7620-3026-0